最新版
今までで一番やさしい
経済の教科書
木暮太一

ダイヤモンド社

はじめに

アベノミクスでぼくらの給料は上がったか？

　2012年、安倍政権が掲げた経済政策、通称"アベノミクス"が始まりました。長らく不況に苦しんでいる日本経済を浮上させるべく、「新しい作戦」を実行したのです。

　アベノミクスの政策は大きく分けて3つありました。そしてこの3つの作戦を、かつての戦国大名、毛利元就の逸話になぞらえて「3本の矢」と呼んでいます。

　この「たとえ」が国民の感情に響いたからか、アベノミクスは大きく期待されました。国民の多くが「景気は良くなる！」「これから給料は上がる！」「日本経済はついに復活する！」と感じていたと思います。

　しかし、2014年の春に消費税が8％になってから、また雲行きが怪しくなりました。

「給料が上がるって言ったじゃないか！」
「消費税を上げるから悪いんだ！」
「やっぱり自民党もダメだ」

　景気の雲行きが怪しくなるにつれ、ネットにはさまざまな

辛口コメントが出るようになりました。あれだけ期待をしていたので、その反動で落胆する気持ちもわからなくはないです。

もう経済を知らないでは済まされない

　現実に給料が上がった会社もあります。また、一部の大手企業では史上最高益を更新していました。しかし、だんだんと勢いがなくなっていくのを感じている人も多いのではないでしょうか？　当初、あれだけお祭り騒ぎをして、すでに景気が完全回復したかのような言い方をされていたのに、今ではその雰囲気はありません。

　この政策が正しかったかどうかは、専門家の間でも意見が分かれています。でも、ぼくら国民は「"アベノミクス"の効果はそれほど実感していない」という人が多いのではないでしょうか？

　ただ、いずれにしても大事なのは、大人であるぼくらは経済のことを知らなくてはいけないということです。これから日本経済はどのようになっていくのか、ぼくらの給料は上がるのか、ぼくらは将来安心して暮らすために何を準備しておけばいいのか。

　「気づいてみたら、生活が苦しかった」では、あまりに自分に対して無責任です。

　スポーツの試合で、棒立ちで何もせずにいたら、どんどん

点を取られて負けてしまいます。政府がすべて面倒を見てくれる時代は終わりました。

　少なくとも、世の中で何が起きているかを把握する力を身につけておきたいものです。

経済がわかると、この先の変化を予測できる！

「経済を勉強したいのなら、日経新聞を読めばいい」「おまえは、新聞を読んでいないから世の中のことがわからないんだ」というアドバイスや指導を受けた人も多いでしょう。現にぼくも学生の頃は、「新聞を読めば世の中が理解できる」と言われました。

　ただ、ぼくの感覚からすると、日経新聞を読むだけでは経済を理解できません。

　日経新聞に書いてあるのは、日々の出来事です。当たり前ですが、バラバラの情報が並んでいます。一つ一つのニュースは、「それが起きた」という"データ"でしかありません。

　本当に重要なのは、「なぜそれが起きたのか？」や「このニュースは自分にどういう影響を与えるのか？」という将来予測です。

　新聞のニュースを細かく読んでいっても、基本となる経済のルールを知っていなければ、その"データ"を有効活用できません。たとえば、「歴史的な円高になった！」という

はじめに

ニュースを見ても、それがどんな意味を持つのか、自分の会社・自分の生活にどんな影響を与えるのかがわからなければ、まったく意味がないのです。

新聞は"自分にとっての意味"を教えてはくれません。そこは、ぼくら各自が、別で学んでおかなければいけないのです。

この本では、世の中で起きていることを解説すると共に、それがなぜ起きたのか、どういう意味を持つのかを、経済学の理論と一緒に説明していきます。

経済のことがまったくわからなくても理解できます。また、この本を読んだ後には、テレビや新聞のニュースが理解できるようになり、「これからこんなことが起こりそうだな」という予測ができるようになっています。

「わかったつもり」で放っておいた知識を整理し、自分で経済を見る眼を持てると、世の中の見方が大きく変わります。1人でも多くの方にそれを感じていただければ、著者として最高の喜びです。

2015年春

木暮太一

はじめに

アベノミクスでぼくらの給料は上がったか？ ········ 2
もう経済を知らないでは済まされない ············ 3
経済がわかると、この先の変化を予測できる！ ········ 4

第1章
景気のいい悪いはどうやって決まるの？

第1話　景気の話
そもそも景気って何？ ····························· 12
誰が「景気がいい」と決めているの？ ················ 15
GDPって何のこと？ ······························ 20

第2話　為替の話
円高と円安って、結局どういうこと？ ················ 23
円高と円安って、どんな意味があるの？ ·············· 25
円が「安い」ってどういうこと？ ···················· 27
為替レートはなぜ変わる？ ·························· 29
「昔は固定相場制だった」ってどういうこと？ ········ 30
どうしてこんなに激しく為替が変動するの？ ·········· 33
通貨の「需要」「供給」って何？ ···················· 35
為替取引で儲けられるって本当!? ···················· 37

第3話　景気と需要の話
商品を買うのは、個人か、企業か、外国人か？ ········ 40
① 国民（個人）の需要 ···························· 43
② 企業の需要 ···································· 46
③ 海外からの需要 ································ 51

第2章
景気対策って何をするの？

第4話　金融政策の話
景気対策って何をするの？ ……………………………………………… 56
金融政策って何？ ……………………………………………………… 57
金融政策は金融機関を通じで行われている ………………………… 60

第5話　日銀と政策の話
そもそも日銀って、何？ ……………………………………………… 68
日銀と政府は別モノ …………………………………………………… 74
「マネーサプライ」って何？ …………………………………………… 77
「マネー（貨幣）」が増えると、どうなる？ ………………………… 79
「ゼロ金利政策」って何？ ……………………………………………… 81
「ゼロ金利政策」で、経済はどうなったの？ ………………………… 83
「量的緩和政策」「包括緩和政策」って何？ ………………………… 85

第3章
景気対策に税金をどう使うの？

第6話　財政政策の話
財政政策って何をするの？ …………………………………………… 94
政策が波及する「乗数効果」って何？ ………………………………… 96
財政政策のお金はどこからくるの？ ………………………………… 99
公共事業なんてムダじゃない？ ……………………………………… 101

第4章

今、どんな政策が行われているの？

第7話　日本経済と最近の政策の話

アベノミクスでは何をやっていた？ ……………………… 108
「インフレ2％」は何が狙い？ …………………………… 111
「期待に訴える政策」って、どういうこと？ ……………… 114
金融緩和政策の波及効果は？ …………………………… 116
景気は良くなるという「消費者の気持ち」が大切 ……… 118
成長戦略って何をしているの？ …………………………… 121
これからの日本は、海外にもっと商品を売らなければ！ … 123
外国人に「クール・ジャパン」で日本を知ってもらう …… 125
観光客を呼び込まなきゃ！ ………………………………… 127

第5章

円高と円安はどっちが得？

第8話　為替と貿易の話

為替が変動すると、何にどう影響するの？ …………… 134
円高と円安、どっちがいい？ ……………………………… 138
これからは円高？　円安？ ………………………………… 140
日本は構造的に貿易赤字になっていく …………………… 143
輸出を増やす作戦って何？ ………………………………… 145

| 目 次

第6章

インフレとデフレって何？

第9話 物価の話
物価って何のこと？ 154
物価って誰が決めるの？ 156
景気が良くなると物価が上がる!? 158
物価が上がり続けると、何が問題なの？ 160
インフレが起きると、貯金がなくなる!? 163
物価が下がり続けると、何が問題なの？ 166
デフレが起きると、何が問題なの？ 168

第7章

日本は借金大国って本当？

第10話 国債の話
国の収入は54兆円なのに借金は1000兆円！ 174
国の借金って何？ 176
日本政府は、あなたからお金を借りている 179
貸したお金が返ってこない可能性も 182
これからは外国から借金しなければいけないかも 186
国債の金利が国民の生活に直結している 189
国債の金利が上がると、企業が倒産しちゃう!? 191
国債の値段が下がると、こうなっちゃう!! 194
日本国債が危険視されている！ 196

第11話 税金と社会保障の話
なんで消費税を上げるの？ 200
何に税金を使っているの？ 204
自分が国にいくら払っているか知っていますか？ 206

第8章
これから必要なお金の知識って？

第12話　格差と投資の話
景気が良くなっても、給料は上がらないって本当？ ……… 212
将来のために月々3万円貯金する？ ……… 217
投資って儲かるの？ ……… 220
ローリスク・ハイリターンの投資をする？ ……… 222
投資にはどんなリスクがあるの？ ……… 226
やっぱり銀行預金の方が安全なの？ ……… 232

第13話　株式投資の話
「株」って何でしょう？ ……… 235
株を持っていると、どんな良いことがあるの？ ……… 237
株価が上がると、企業はうれしいの？ ……… 239
日経平均って何？ ……… 242
TOPIXって何？ ……… 246
ところで株はどうやって買うの？ ……… 249
どんな株を買ったらいいの？ ……… 251
いい会社を見極めるファンダメンタル分析 ……… 252
今後の株価を予測するテクニカル分析 ……… 260
結局どちらが重要なの？ ……… 263

第14話　外貨投資の話
外貨に投資するってどういうこと？ ……… 267
外貨預金とは？ ……… 269
FXって何のこと？ ……… 273
レバレッジって何？ ……… 275
投資をする一番のメリット ……… 278

おわりに ……… 282
重要キーワード索引 ……… 284

景気のいい悪いは
どうやって決まるの？

景気の話

そもそも景気って何？

　新聞やニュースで、よく「景気がいい、景気が悪い」という言葉が使われます。経済の状態を指していますが、正確に考えると、「景気」とは一体何なのでしょうか？

そんなの簡単だよ。自分の給料が上がっていたら「景気がいい」、下がっていたら「景気が悪い」

　感覚的にはわかりますが、それではあまり答えになっていません。「景気」という言葉は、「経済活動全般の動向」のことを表しています。個々人の給料金額は考えておらず、もっと大きい話をしているんです。
　ただ、そんなことを言われても、ピンときませんね。なので、「景気」＝「全体的に、商売がうまくいっているかどうか」として捉えてください。
「景気がいい」とは要するに商売がうまくいっていることで、「好景気」と呼ばれます。逆に景気が悪いとはなかなかビジネスが難しくなっているということで、「不景気(不況)」と呼ばれています。

景気がいい時期とは、自分の会社の業績がいいときでも、自分の給料が上がったときでもなく、その地域全体・日本全体で考えて「商売がうまくいっているとき」。それを押さえておいてください。

超好景気の時代でも、商売がうまくいかなくて倒産する会社はありますし、反対に超不景気でもザクザク儲かっている企業もあるんです。ただ、一部の例外は除いて、全体的に見て「うまくいっている」「うまくいっていない」で景気は判断されます。

一般的には、景気が良くなると、企業の業績は上がって、失業率が下がり、株価は上がります。そして労働者の給料・ボーナスも増えて、みんなハッピーな状態になります。

なので、政府としても景気が良くなるように、対策を考えて実施しているわけです。ちなみに、経済が発展するために日銀（正確には「日本銀行」→P.68参照）が行う経済政策を「金融政策」、政府が行う政策を「財政政策」といいます。

アベノミクスでは、この「金融政策」と「財政政策」に加えて「成長戦略」という3つの作戦で景気を良くしようとしていました。これがいわゆる「アベノミクスの"3本の矢"」です。

でも、なんでこの"3本の矢"をやると、景気が良くなるの？

　いい質問ですね。アベノミクスの政策を理解するために、この章では経済の基本ルールを学んでおきましょう。

誰が「景気がいい」と決めているの？

　そもそも「景気がいい」「景気が悪い」というのは、どういう基準で、どうやって決まっているのでしょうか？

　じつは、「景気がいいか悪いか」は、客観的な事実だけではなく、人の主観的なイメージで決めている部分もあります。

> ん？　どういうこと？？

　景気の良し悪しは、さまざまな統計だけでなく、国民や企業に「最近、どう？　儲かってまっか？」とアンケートをとり、その結果からも判断されるのです。

　いろいろな調査の結果から総合的に判断して、「景気が良くなっていると答えた人が多かったなぁ。じゃあ今月は『景気が良かった』ということにしよう」という感じで決まっているんです。

　もちろん少数の意見だけで適当に決めているわけではありませんが、各社の売上が100万円上がったら「景気がいい」ことにしよう、など、決まった基準があるわけじゃないんです。

> じゃあ、どうすれば、
> 「景気が良くなった」ってことになるの？

「景気の状態」を判断するときに、政治家の主観や、イメージで「去年より景気いいと思うんだけどねぇ」などと言っても意味がありません。これについては客観的な指標が必要なんです。

一般的に景気判断で使われる指標には、

●**有効求人倍率**（仕事をしたくて応募している人1人に対して、何件の求人〈仕事〉があるか）
●**完全失業率**（失業している人の割合）
●**鉱工業指数**（鉱工業の生産・出荷額や在庫数量などを判断する指標）

などがあります。

「有効求人倍率」って聞いたことある

有効求人倍率は、世の中にどれくらい求人（仕事）があって、それにどれくらい応募（仕事をしたい人）があるかを表しています。たとえば、仕事をしたい人が200人いて、一方で仕事の案件が100件あったら、有効求人倍率は「0.5」になります。

逆に、仕事を探している人が100人、「うちで仕事をしませんか〜？」という求人募集が200件あったら、有効求人倍率は「2」になります。

$$\frac{仕事案件}{仕事を探している人数}$$ で計算することができます。

> なるほど！
> じゃあ有効求人倍率は高い方がいいんだね

　その通りです。この指標は、景気が良くなり、世の中の仕事が増えれば、高くなっていきます。景気が悪いときは、仕事の数より応募者（仕事をしたい人）の数が増えるので、値が低くなります。

　なので、この指標から「景気の状態」を判断することができるんです。

　リーマンショックが起きた翌年の2009年は、0.47まで下がっていました。2014年12月では1.15まで上がっています。それを考えると、「かなり仕事が増えてきた」と言えます。そして、景気が回復してきた、と見ることができます。

　次の「完全失業率」はもっとわかりやすい指標かもしれません。これは失業者がどれくらいいるかの割合を示しています。

> "完全"ってどういうこと？
> 「完全失業率」と「失業率」は違うの？

基本的には同じ意味です。
「完全失業率」は、15歳以上で働く意思がある人のうち、「完全失業者」がどのくらいいるか、という割合です。15歳以上ということは、要するに中学校を卒業した人ですね。ただし高校や専門学校に進学する人など、「働く意思」がない人もいます。その人たちは除いて考えています。

そして、「完全失業者」とは、

① **仕事に就いていない**（＝現在、働いていない）
② **仕事があれば、すぐ就くことができる**（＝すぐに働ける状態である）
③ **仕事を探す活動をしている**（＝就職活動をしている）

のすべてに当てはまる人です。
仕事がなくても、「仕事ができない人」や「職探しをしていない人（学生や主婦など）」は「完全失業者」ではないということです。

> で、なんで「完全」っていうの？

それ、気になりますよね。「何が完全なの？」って疑問に思う人が多いと思います。ただ、これはあまり気にしない方がいいです。

この意味は総務省のサイトに書いてありました。さきほどの③の条件「仕事を探す活動をしている」は、昭和25年に新しく定義に加えられました。そしてその際、それまでの「失業者」という用語の定義が変わったことを示すために「完全失業者」としたようです。

新しく条件が追加されたので、言葉を変えたということですね。なんかバージョンアップしたような感じがします。ただ、それくらいの意味です。「完全体」「パーフェクト」ということではないので、特別気にかける必要はなさそうです。

なるほどね、いろんな指標があるんだね

このような指標が改善していれば、「景気は良くなっている」、指標が悪化していれば「景気は悪くなっている」ということになります。

ただ、有効求人倍率や完全失業率よりも、さらに重要なのが「GDP（Gross Domestic Product：国内総生産）」です。

このGDPの値が大きければ経済の規模が大きい、値が小さければ、経済の規模が小さいということで、さらに去年と比べて大きくなれば、「景気が良くなっている」ということを示していることになります。「景気」を見るうえでは、GDPは欠かせません。

GDPって何のこと？

　ここで「GDP」について確認しておきましょう。

　GDPとは、「日本国内で生産された付加価値の合計（通常は1年間の合計）」を表しています。同じような指標でGNP（Gross National Product）があります。これは「日本国民が生産した付加価値の合計」を表しています。

　GDPには、日本国内で働く外国人が生み出した付加価値を含みます。でもGNPには含みません。一方、GDPには、アメリカで働く日本人が生み出した付加価値は含みません。でもGNPには含みます。

なんかややこしいけど、どっちを使えばいいの？

　GDPを主に使います。その理由は、「日本国内の景気」を考えるからです。日本の景気を話題にしているときに、アメリカで日本人がどれだけ付加価値を生み出しているかは、あまり関係がありません。やっぱり大事なのは、国内の話。だからGDPを使うんです。

あと、「付加価値」って言葉がわかりづらい

　「付加価値」とは、大まかに言って「儲け」「利益」と同じ意味です。100円のものを仕入れて、150円で売る場合、こ

の会社の儲けは50円ですが、これが「付加価値」です。仕入れた商品に何か価値を付け加えるから、仕入れ値よりも高く売れる。付加価値の分だけ高く売れるのです。厳密に言うと少し違うのですが、まずはイメージとして「付加価値」＝「儲け」と捉えて問題ありません。

そして「付加価値」が「儲け」だとすると、「付加価値」が生産されるのは、簡単に言うと、「商売が成立したとき」、となります。

だから、「付加価値がたくさん生産される」＝「たくさん商売が成立している」ということになり、だから国の経済規模を測るときにこの「GDP」を使うんです。そしてこのGDPが増えていれば、経済が拡大している、つまりたくさん商売が成立していて、景気が良くなっていると判断できるわけです。

みんなの利益の合計がGDP

第 1 話のポイント

- 景気とは、その地域全体・日本全体で「商売がうまくいっているかどうか」のこと。

- 景気の良し悪しは、「有効求人倍率」「完全失業率」「鉱工業指数」などの指標で判断される。

- 景気の判断指標で欠かせないのが GDP（国内総生産）。

- GDP とは、日本国内で生産された付加価値（儲けや利益）の合計のこと。

為替の話

円高と円安って、結局どういうこと？

　テレビや新聞で「本日の為替レート」「円相場」など、為替に関係したキーワードを目にすることもあると思います。あれは要するに、たとえば「円」が他の国の通貨に比べて安くなったか高くなったかなどの話をしています。

円はお金でしょ？「円が高い」とか「安い」ってなんかよくわからないなぁ

　円が高くなる、安くなるというのも変な感じに聞こえますが、そもそも「為替」とはどういう意味なのかがわかれば、理解しやすいと思います。
　「為替」は、「両替」と捉えれば、わかりやすいです。もともとの意味は全然違いますが、通常、新聞やテレビでいう「為替」は「両替」に置き換えて聞くと話が通ります。

　両替はお金とお金を交換することですね。つまり「為替」とは、ある国のお金と、別の国のお金を替えることを指しているんです。そして、「為替レート」とは「両替のレート」、つまり、たとえば1円といくらを交換するかということを表

しています。

　そしてこのレートが変われば、同じ額の日本円でも交換してもらえる量が変わるというわけです。

> なるほどね。でも何と交換するの？

　一般的に「円高」「円安」と言われる場合、「ドル」と比べています。ドルと比べて「円が高くなった」「安くなった」と言っているわけですね。

円高と円安って、どんな意味があるの？

　ところで、その「円が高くなった」、「安くなった」とは、どういう意味を持っているのでしょうか？

　後で詳しく説明しますが、円も普通の商品と同じように、需要が多ければ（みんなが円をほしがっていれば）、値段は上がり「円高」になります。また反対に需要が小さければ（誰も「円」をほしがっていなければ）、「円安」になります。

　世界各国の通貨を見ると、安い通貨や高い通貨があります。アメリカドルやユーロなどは非常に強い通貨です。一方で、アフリカや南米の発展途上国の通貨は非常に安い状況です。

なんでなの？

　みんながその通貨をほしがっているかどうかで高い・安いが決まっています。そして結論から言うと、一般的に、「ある国の通貨が高い」という状況は、「その国の経済にみんな期待している」ということの表れです。

　通貨の需要が多いと、その通貨の価格は高くなります。そして、通貨の需要が多くなるのは「みんながその国で商売・取引したいと思っているから」なんです。

　日本人はふだん円を使っているので、円換算で値段を提示したり、円で代金を支払ったりする方が便利ですね。なので、

日本で、もしくは日本人と商売をしたければ、日本人に合わせて円で決済（お金のやり取り）をできるように準備をしておいた方が喜ばれます。だから日本人と商売したい人は、「日本円をほしがる」のです。これが「日本円の需要（日本円をほしがる量）」になります。

 どんなときに、日本人と商売をしたくなるの？

　それは単純で、日本人と商売すれば儲かると感じているときです。

　一般的に言うと、現時点で経済規模が大きい国や今後成長していきそうな国に人気が集まります。だから結局、いま経済が強いEU・アメリカ、今後経済が成長しそうな中国・インドなどの通貨は需要が多くなり、通貨の値段が上がっていく傾向にあるのです。

　これを反対に考えると、為替レートは国の経済の規模、もしくは期待を示していると言えます。今、もしくは近い将来に経済が強くなりそうな通貨に人気が集まるということは、通貨が高くなっている国の経済は強い、もしくは強くなりそうな状態にあるということ。

　つまり為替を見ると、その国の経済がどうなっていきそうかがわかる、為替は国の経済の強さを表していることになります。

円が「安い」ってどういうこと？

でも「円」はお金でしょ？ お金が「安い」ってどういうこと？？

　まず、アメリカでは「円」じゃなくて普通「ドル」を使います。だからアメリカで買い物をしたければ、円をドルに交換しなければいけません。つまり、自分の持っている「円」で相手が持っている「ドル」を買うんです。

ドルを買う……？

　なんか変な感じがするかもしれませんが、「交換」と理解してください。コンビニで売っているコーラがほしいとき、120円持っていってコーラと「交換」します。それと同じで、ドルがほしいときは、ドルを「買う」（円と交換する）のです。
　ただし、いつも同じようにドルを買えるわけではありません。たとえば、昨日は1ドルを100円と交換できたとします。つまり1ドルを100円で買えたわけです。しかし、明日は1ドル＝200円になっているかもしれない。

なんで？ 変わるの？

それは次の項目で説明する「為替レート」が変わるからです。通貨は、普通の商品よりも激しく値段が変わるので、同じもの（１ドル）を買うのに多くお金を払わなきゃいけなくなることもあるんです。

さきほどの例で言うと、１ドルが100円から200円になっています。これは「ドルの価格が上がった」ということです。これが「ドル高（円安）」です。

為替レートはなぜ変わる？

　では次に、なぜこの「交換比率（為替レート）」が変化するのか、について考えます。でもこれは単純で、普通の商品と同じ原則が働いているだけです。通常の商品で考えてみると、人気が高い商品の値段は上がり、人気がない商品は安くしないと売れなくなります。為替もそれと同じです。

　みんなが買いたいと思っている通貨（＝需要が多い通貨）は価格が上がって、みんなが売りたいと思っている通貨（＝供給が多い通貨）は価格が下がるんです。

うーん、わかるような、わからないような

　円をドルと交換する場合で説明しましょう。「円を売って、ドルを買う」ことになります。となると、売りに出された「円」の価格は下がって、需要が増えた「ドル」の価格は上がります。これを「円安、ドル高」と呼ぶんです。

　そして、「安くなった円」で「高くなったドル」を買おうとしたら、今まで「１ドル＝100円」だったのが「１ドル＝200円」に変わる。１ドルを買うのに「円」がたくさん必要になったわけです。

　要は、円やドルという通貨も普通の商品と一緒で、みんながほしがれば、価格が上がって、みんながいらないと言えば価格が下がるということですね。

「昔は固定相場制だった」って どういうこと？

　ここで為替の歴史について少し説明を加えておきます。
　かつて、日本は「固定相場制」を採用していて、「１ドル＝360円」で為替レートが固定されていました。

１ドルが360円もしたの!?
すごい「ドル高」だね！

　そうですね。１ドルの商品を買うのに360円も払わないといけなかった。すごい「ドル高」です。
　ただし、これはアメリカ経済が絶対的に強い立場にあったからこそ維持できた体制でした。というのは、このときの為替レートは貿易をする上で、アメリカが圧倒的に不利だったからです。
　詳しくは後の項目で説明しますが、為替レートによって貿易は有利になったり、不利になったりします。そして「１ドル＝360円」というレートは、日本がアメリカに商品を売りやすい環境、アメリカは日本に商品を売りにくい環境なのです。
　しかしそうだったとしても、アメリカ経済が圧倒的に強かったときは、問題になりませんでした。そもそも「実力」が全然違うので、アメリカが日本に商品を売りにくい環境と

景気のいい悪いはどうやって決まるの？ | 第 1 章

いっても、アメリカの商品はよく売れたんです。

でも、1960年代になると日本経済が著しく発展し、アメリカと対等に競うようになりました。最初は「子供」だと思っていた日本がいつのまにか「大人」になり、ケンカも強くなったんです。

アメリカは、それでも最初はがんばっていました。しかし、やがて耐え切れなくなり、ついにアメリカは1971年に固定相場をやめる宣言をしました。そして「変動相場制」に移行したのでした。

その後は、どうなったの？

変動相場制に移行してから、1985年初めは１ドル＝250円という水準でした。１ドル＝360円の時代よりは、だいぶ少ない円で１ドルを買えるようになりました（ドル安になりました）。しかし、当時の日本経済の勢いと比較すると、「それでも円が安すぎた」ため、依然として貿易は「日本有利」の状態でした。

アメリカをはじめとする先進国は、為替レートをさらに円高にするようプレッシャーを強くかけてきて、1985年に「ドル高の状態を変えよう（もっと円高にしよう！）」という「プラザ合意」が採択されました。その結果、プラザ合意の３年後には１ドル＝125円、1995年４月には１ドル＝79円75銭まで上がりました。

急激に変わったんだね

　そうですね。かつては、360円払わないと1ドルのジュースが変えませんでしたが、それが79円払えばよくなった。各国の経済力（地力）を反映した結果、日本の経済成長に伴って、「円」もどんどん高くなっていったわけですね。為替レートは国の経済力を表しているのです。

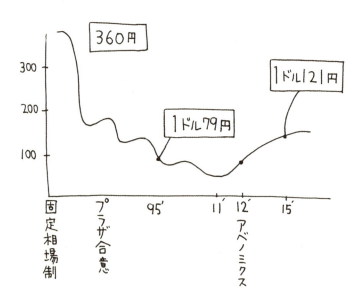

どうしてこんなに激しく為替が変動するの？

　このようにして為替は固定相場制から変動相場制へと移行しました。変動相場制なので、為替は毎日変動します。正確に言うと、1秒単位で変わっていきます。

　固定相場制が変動相場制になった背景には、「国の経済力」の変化がありました。つまり、為替は国の経済力を表していて、それが適切でないと、適切な競争が生まれない、だから経済成長に伴って為替も適切なレートに変化させないといけない、となったわけです。

　その「為替が国の経済力を表している」という前提は固定相場制でも変動相場制でも変わりはありません。でも変動相場制では1秒単位で為替レートが変化しています。

国の経済力って、1秒単位で変化しているの！？

　いえ、そうではありません。為替が日々変わるのは、単に通貨の需要と供給が日々変わっているからです。

　さきほど説明したように、為替が上がるか下がるかは、普通の商品の値動きと同じ理屈です。つまり需要が供給よりも多くなると、値段は上がっていきます。反対に、供給の方が需要よりも多く、売れ残っている状態になると、値段は下がっていきます。為替もそれとまったく一緒です。円の需要

が多くなれば、円高に、ドルの需要が高ければドル高になります。

　そして、多くの人が毎日毎日、電話やインターネットを通じて、通貨の取引を行っています。そのため、需要と供給の大きさも毎日変わります。なので、為替レートは日々変化するのです。

通貨の「需要」「供給」って何？

お金の「需要」とか「供給」って具体的にどういうことなの？

これも結論から言ってしまうと、

●お金の需要：その通貨をほしいと思っている、ということ
●お金の供給：その通貨はいらなくて、別の通貨をほしいと
　　　　　　　思っている、ということ

です。

　イメージしやすいように、世の中の通貨は「円」と「ドル」しかないと仮定して、具体的な例で説明しますね。

　為替取引の場合、取引するものは「通貨そのもの」になります。たとえば日本円を売って、ドルを買うということです。そして為替レート、つまり「円・ドルレート」がどう変わるかは、「日本円の需要」「日本円の供給」「ドルの需要」「ドルの供給」に関わってきます。

　ただし、ここがちょっと面白いのですが、円を買う場合、代金をどうやって払うかというと、他の通貨で払います。つまりお金をお金で買うわけです。円とドルしかないとすると、「円がほしい＝ドルを売る」ということになります。なので

「売買」というより「交換」なんです。

　円を持っている人が「この円とドルを交換してほしい！」と言ったとすると、これは「円はいらない」「ドルがほしい」ということなので、円の値段は下がり、ドルの値段は上がります。これが「円安・ドル高」です。

　さっき説明したように、為替の「需要」と「供給」は商売（貿易）と大きく関係しています。その国と商売したい！という需要が大きければ、その国の通貨の需要が多くなります。

　外国の通貨をほしがるのは、「外国の商品を買いたいから」です。つまり「外国と商売をしたいから」、その国の通貨がほしいわけです。日本の会社と商売をしたければ、円を持っていなければいけないので、円の需要が高まり、円高になる。

　反対に、日本の会社よりも、アメリカの会社と商売したいと思うようになると、持っている円をドルと交換しようとする。となると、円の需要は下がり、ドルの需要が上がる。「円安ドル高」になるのです。

第 1 章 | 景気のいい悪いはどうやって決まるの？

為替取引で儲けられるって本当!?

　外国の通貨がほしいと思うのは、その国の企業・人と商売をしたいからでした。もともとは商売のために外国の通貨をほしがっていたわけです。

　しかし、人の需要・ニーズがあるところには「金儲けのタネ」があります。やがて為替取引自体を商売にする人が出てきました。

どういうこと？

　みんなが「ドルをほしい！」といっているときにドルを売れば、高く売れます。このとき、ドルを売った代金を「円」でもらい、そのうちみんなが「円がほしい！」と言い出したタイミングで持っている円を売りに出す。そうすれば儲けることができます。この為替取引の商売が儲かるとわかり、多くの人がやり始めたのです。

　その結果、本当にドルを使いたい、円をほしいと言っている人よりも、その人たちを相手に為替取引で儲けようとする人の方が増え、現在ではこちらの方が圧倒的に取引量が多くなりました。

　さらに、最近では個人でも株取引と同じような感覚で「外貨取引（FX）」（P.273参照）を始める人が増えています。

本来は、為替は国の経済力を表しており、国の経済力が変化しなければ、為替も大きくは変動しないはずです。しかし現代では国の経済力と無関係の為替取引が圧倒的に増えているので、実態とかけ離れて為替が変動することが多くなりました。

第2話のポイント

● 為替とは、ある国の通貨と別の国の通貨を交換すること。

● その国の経済にみんなが期待していると、その国の通貨が高くなる（強くなる）。為替は国の経済の強さを表している。

● 需要が増えれば通貨の価格も上がり、需要が減れば通貨の価格が下がる。通貨も普通の商品と同じ。

● 為替の取引自体で儲けようとする投資家が増えたため、為替レートは、必ずしも国の経済力を正確に表さなくなった。

景気と需要の話

商品を買うのは、個人か、企業か、外国人か？

　今、日本経済は正念場を迎えています。「今」というより、この20年ずっとかもしれません。

　2012年から、"アベノミクス"が始まり、一時はこれで日本経済が復活する！　という期待を抱いた人も多かったでしょう。しかし、しばらくするとこの状態です。やはりそんな簡単に復活することはできませんでした。

　しかし、政治の舞台では引き続き「今度こそ景気回復！」と叫ばれています。いつ選挙をやっても、必ず「景気回復させます！」という"公約"が掲げられていますね。

 でも、実際にはどうやって景気を回復させるの？

　まず、そこを知りたくなりますよね。この本では、「どうすれば景気が良くなるか？」に着目して説明をしていきます。

　そこで突然ですが、質問です。なぜ、景気が悪いんでしょうか？

景気のいい悪いはどうやって決まるの？ | 第 1 章

なぜって、モノが売れないからでしょ

　そうですね。モノが売れないから、景気が悪いんです。これを少し堅苦しく言うと「需要がないから、景気が悪い」となります。
　今さらっと「需要がない」と書きましたが、ここはもう少し細かく考えなければいけません。「需要」とは、「誰かがほしがっている」ということですね。でも、一体「誰」がほしがっているのでしょうか？

そんなの知らないよ。
っていうか、そんなこと考えて意味あるの？

　すごく大事なことです。これがわからないと、政府が行っている景気対策の意味がわからなくなります。
　反対に、これがわかっていれば、「あ、なるほど、この施策はこういう意図でやっているんだね」と理解できるようになり、また新聞やテレビのニュースを見たときに「この出来事は、日本経済にこんな影響を与えそうだな……」と予測することができます。

なんか難しそうだな……

いえ、そんなことはありません。原理原則を知っていれば簡単なことです。

結論から言うと、「需要」は3種類に分かれます。それは「①国民（個人）の需要」「②企業の需要」「③海外からの需要」です。言い方を変えると、「誰が商品をほしがっているか？」で、その商品をほしがっている人は3人いる、ということです。

つまり、日本の商品を買っているのは、国民（ぼくら個人がほしいから買う）、企業（会社の仕事で使うから買う）、海外（外国人が買ってくれる）、ということです。

うん、なるほど。で？

国全体で需要が少ない、だから景気が悪い、といっても、どこの需要が少ないのかによって、どこの需要を増やしたいのかによって、実施すべき政策が変わるんです。「国民（個人）の需要」を増やすためにできる施策と、「企業の需要」を増やすために実施する施策は全然違います。

分解して考えなければ、適切な対策が取れません。そして、ぼくらも各政策の意図がわからなくなります。そういう意味で、需要を3種類に分けて捉えるというのは大事なことです。

1つずつ、具体的に説明していきましょう。

景気のいい悪いはどうやって決まるの？　｜　第 1 章

①国民（個人）の需要

　よく言われている「需要不足」「今の時代は需要がないからなぁ」というフレーズは、この「個人の需要」を指しています。「国民（個人）がモノを買わないから景気が悪い」ということですね（この「国民〈個人〉」のことを、ニュースや新聞では「家計」と表現しています。家計簿の「家計」です）。

　個人が商品を買わないということは、お店の商品が売れないということです。それは困りますね。では、この「国民（個人）の需要」を増やすためにはどうすればいいでしょうか？言い方を換えると、個人にもっと買いものをしてもらうためには、どうすればいいでしょうか？

それは、その人たちの給料を増やすってことじゃない？

　その通りです。所得が増えれば、買い物をする量が増えそうですね。その他にはどうすればいいでしょうか？

え、他に？　もうないよ

　そんなことありません。では反対に「買い物をしない理由」を考えてみましょう。それがなくなれば、買い物が増えそう

です。

　不景気とはいっても、日本はまだまだ世界の中では「超お金持ちの国」です。国民の資産を足し合わせると1600兆円以上になり、単純計算すると国民1人当たり1300万円程度を持っている計算になります。買い物するお金を持っていないわけじゃないんですよね。

　では、買い物をしないのは、なぜ？

{……貯金しなきゃいけないから}

　そうですね。その理由が大きいと思います。「日本人は世界で一番お金を持って死ぬ」と指摘している人もいるくらいです。つまり、たくさんお金を持っているのに、「いざというときのために」といって、いつまでたっても使うことができないんですね。そして結局、たくさん資産を抱えたまま、使わずに死んでしまうのです。

　国民がいつまでもお金を使えないのは、「老後にお金がなくなったら大変！」と思っているからです。そして同時に、「そのときは、国は助けてくれない」と思っているからです。

　であれば、国民が老後の生活について安心できるようになれば、お金を使ってくれるかもしれません。

　もしくは、「これから景気が良くなりそう、これから日本社会が良くなりそう」と思うだけでも、お金の使い方が変わるかもしれません。

「気分を変える」という主観的で、抽象的な作戦ですが、これが結構大事です。「病は気から」と言いますが、「景気も気から」です。

　国民の需要は、（1）国民の給料を増やすこと、（2）国民の気分を盛り上げること、で増えていきます。

②企業の需要

次は「企業の需要」について考えます。

> 社長とか部長が、どんな商品を買うかってこと?

いえ、違います。「企業」とは社長のことではありません。社長がする買い物も「一個人が買っているモノ」です。社長という個人が買っているだけで、「個人の需要」です。

では、「企業の需要」とは何かというと、それは、企業がビジネスのために買うものです。

> 仕事で使うものも「需要」なの? 仕事でしか使えないマニアックなものでも?

そうです。その商品がどんな性質で、どんな機能を持っているかは関係ありません。ビジネスのためにとはいえ、「何かを買う」ということには変わりありませんね。だからそれも「需要」なんです。

たとえば、メーカーが生産機械を買ったり、工場を建てたりするのは「企業の需要」です。

では、このような「企業の需要」を増やすためには、どうすればいいでしょうか? それは、企業がなぜ生産設備などを買うか、工場を建てるかを考えれば、わかります。

第 1 章　景気のいい悪いはどうやって決まるの？

なぜって、仕事で使うからでしょ？

そうです。もう少し正確に言うと、「それを買ったら、儲かるから」です。仕事に使えるといっても、買わない方がいいものは買いません。それを買ったら明らかに損をするよね、というものは買いません。

企業は利益を稼ぐために活動しています。ということは、企業は「これを買ったら利益を増やせるかどうか」を考え、増やせそうだったら買う、そうでなければ買わないという判断をします。

儲かりそうな機械って、どうやって見極めるの？難しそうだなぁ

ここで考える「儲かりそう・儲からなそう」は、その機械でどんな商品が作れるか、で考えるのではありません。その機械を買ったらどれくらい儲かるかは、ビジネスによって、もしくは、その企業によって大きく変わります。

また、それぞれの機械設備の値段はもちろん違いますね。なので、個別に細かく考えることはできません。

ただ、共通していることがあります。それは、その設備を買うときにお金がかかるということと、ローンの金利を払わなきゃいけないということです。

> ん？　どういうこと？？

　機械を買うのにローンを組みます。もしくは、金利がもらえる銀行預金をおろして（そのもらえるはずの利子を捨てて）、機械を買います。
　金利が高いと、企業にとってはコストが高くつくので、儲かりづらくなります。となると、「あの機械ほしいけど、金利が高いからなぁ」といって、買うのをやめます。
　反対に、低金利だったら、儲かりやすくなり、設備を導入しやすくなりますね。

　たとえば、A社が機械設備を導入しようとしているとしましょう。この機械を導入すると、A社は毎年5％儲かります。でも、A社はこの設備を買うために、金利を払わなければいけません。
　金利がいくらだったら、A社はこの設備を買うでしょう？

> 金利が5％より低かったら買う？

　その通りです。金利が5％より低かったら、「設備を導入したら儲かる」となりますね。反対に5％より高かったら、「導入したら儲からない」となります。
　もちろん、本当のビジネスはこんな単純ではありません。

第 1 章　景気のいい悪いはどうやって決まるの？

いろんな要素や条件がいろいろ重なって「買う・買わない」を決めます。

　しかし、だとしても金利が高ければ導入しづらくなるという状況は同じです。金利は企業が機械設備を買うかどうか、工場を建てるかどうかの重要なポイントなんです。

> なるほどね。で、何の話だっけ？

「企業の需要」を増やすためにはどうすればいいか、という話です。ここまでである程度見えてきましたね。

●企業が買うのは、ビジネスに使う設備など
●企業は金利が低ければ、設備を買いやすい。金利が高ければ、設備を買いづらい。

　ということです。
　だとしたら、企業がもっと設備を買うようにするには、どうすればいいでしょうか？

> 金利を下げればいい！

　その通りです。
　企業が買う設備も「商品」で、それを売って生計を立てている人たちがいます。そういう意味では、高級レストランが

49

流行ったり、自動車がたくさん売れたりするのと同じで、設備がたくさん売れたり、工場がたくさん新設されれば景気が良くなるのです。「企業の需要」を増やすことで景気を良くする、ということもできるんですね。

　そして、政府が企業の需要を増やそうとするときには、金利を下げることを考えるんです。金利が下がるような政策を打ち出すわけです。

　もしくは、企業が設備を買うと優遇を受けられるような制度をつくります。たとえば、設備を導入した企業の法人税を安くする、などの制度ができたら、企業はうれしいです。金利を直接変えなくても、「実質的に、この設備を買った方が得」と思うようになれば、企業は買いますよね。

　個人の需要を増やすためには、その人の給料を増やすのが一番でした。そうすれば、もっと買い物をします。企業需要を増やす場合は、「これを買った方が得！　もっと儲かる！」と思わせればいいということです。

③海外からの需要

　日本の景気をなんとかしたい、と思うと、ついつい日本国内でなんとかしなきゃいけないと考えてしまいがちです。

　でも、日本の商品を買うのは、日本人だけではありません。海外のお客さんも日本の商品をたくさん買ってくれます。海外のお客さんが日本の商品を買う方法は2つです。

　1つは、日本から輸出すること。そしてもう1つは、日本に買いに来てもらうことです。両方とも、外国人に買ってもらうということは変わりませんが、「増やす方法」は異なります。

どうやってやるの？

　まず、輸出を増やす方法。輸出を増やすために直接的に有効なのは、「円安にすること」です。

　単純に考えるために、今「1ドル＝100円」だとしましょう。日本で100円で売られているものが、アメリカで1ドルで買えるということです。ここで円安になりました。「1ドル＝200円」になったとしましょう。1ドル200円ということは、0.5ドル＝100円ですね。日本で100円の商品が、円安になったためにアメリカで値下がり（1ドル→0.5ドル）したわけです。

　値下がりすれば、当然アメリカのお客さんは買いやすくな

ります。日本の企業から考えると、「売りやすく」なります。「円安になると、輸出しやすい（海外のお客さんに買ってもらいやすい）」のです。

　だから、輸出を増やしたいと思えば、円安にすればいい。それが直接的な対策です。

なるほどね、
だからアベノミクスで円安にしたんだね

　また、商売する相手が増えれば、単純に考えて売れる量も増えていきます。いまや、日本は世界各国と貿易をしています。とはいえ、すべての国と同じように仲良く、頻繁に商売しているわけではありません。中には、いろいろな規制があって商売できないこともあります。

　そういう規制をなくし、制度的に自由に貿易ができるようになったり、もしくは国同士が仲良くなれば、もっと多くの商品を買ってくれるでしょう。

　少し前に話題になったTPPは、輸出を増やすための施策として進められていました。

　そしてもう1つ。海外のお客さんに、日本に商品を買いに来てもらうことも考えられます。つまり、外国人旅行者を増やして、日本でもっとお金を使ってもらおうということです。2001年の小泉政権以来、日本は外国人観光客の受け入

れに力を入れてきました。その結果、着実に観光客が増えています。

　国土交通省のデータによると、外国人旅行者は、平均で約15万円を日本国内で使うそうです。だとしたら、この観光客が1万人増えたら15億円、何かが売れるということですね。100万人増えたら、1500億円お金を使ってもらえるということです。

　日本に観光客を呼び込もうとするのは、日本の良さを知ってもらおうという文化的、人間関係的な意図もありますが、日本の商品が売れるという経済的な理由も大きいんです。

　これが「海外からの需要」の意味と、それを増やすための作戦です。

　まとめると、日本の商品を買ってくれる人は3タイプいます。①日本国民（個人）が買う、②企業がビジネス用に買う、③海外のお客さんが買ってくれる。

　今説明したように、それぞれを増やすための作戦（実施するべき政策）は異なります。基本的には3つをすべて増やすことを考えますので、それぞれに効果がある政策を、どんどん実施することになります。

　ぼくらも経済のニュースを、これは誰の需要を増やす政策なのかを考えながら見ると、すごく面白いです。また同時に、その政策で本当に需要が増やせるのかを考えてみると、より理解が進むはずです。

第3話のポイント

●景気を良くするには「需要」を増やす必要がある。

●需要は「①国民（個人）の需要」「②企業の需要」「③海外からの需要」の3種類に分かれる。

●国民（個人）の需要を増やすには、(1) 給料を増やす、(2) 気分を盛り上げる対策が必要。

●企業の需要を増やすには、企業が儲かるように金利を下げたり、減税などの優遇制度が必要。

●海外からの需要を増やすには、円安にしたり、規制を緩和して輸出を増やすこと、そして、海外からの旅行者をより多く日本に呼び込むことが必要。

景気対策って何をするの?

金融政策の話

景気対策って何をするの？

　みなさん、景気がいいのと悪いのでは、どっちがいいですか？　景気がいい方が好ましいですよね。そりゃそうです。だから、ほとんどの国民が政府に対し、景気が良くなる政策を期待しています。

　バブルが崩壊してからこの20年、日本経済は常に「不景気」です（少なくとも実感としては）。そのため、選挙のたびに「次はこんな景気対策をやります」というアピールを聞きます。

うん、でも結局何をやっているかよくわからないな

　そういう方も多いと思います。前の章で基本的な考え方については説明しましたが、この章では改めて景気対策の中身を詳しく解説していきます。

　景気対策には大きく分けて「金融政策」「財政政策」の２つがあります。それぞれの政策の内容と、「それをやると、理論的にはどうなるはずなのか」を説明していきます。

金融政策って何？

　金融政策は「世の中のお金（現金）の量を調節することで、経済を安定的に成長させようとする政策」です。この政策は選挙で選ばれた政治家が行うのではなく、日銀（日本銀行）が実施します。

　世の中のお金の量を調整するといっても、これは別に日銀が国民の財産を取り上げたり、お小遣いをくれたりするわけではありません。日銀は主に銀行が企業や個人に貸し出すお金の量を間接的にコントロールします。そうすることで、「景気」をある程度コントロールできるようになります。

> ん？
> お金の量を調整することで、ってどういうこと？

　ぼくらも日々、お金を使っていますよね。何気なくお金を手にして使っていますが、じつは日本国内に流通している「お金の量」（現金）が変わると、景気が良くなったり悪くなったりするんです。

　例として、とても単純に話をします。たとえば、世の中にあるお金がどんどん減って、みなさんの手元の現金が少なくなったら、どうなるでしょう？　商品を買えなくなりますよね。商品を買うことができなくなれば、お店は売上が減ってしまいます。その結果、世の中全体として景気が悪くなって

いきます。
　つまり、

- ●世の中のお金の量を減らす
　　↓
- ●消費者の手持ちのキャッシュが減る
　　↓
- ●消費者が商品を買えなくなる
　　↓
- ●お店が儲からなくなる
　　↓
- ●景気が悪くなる

　という流れが起こるのです。

　反対に、「現金がなくて買えない！」という状態が変わったらどうでしょう？　これまでは買いたくても買えませんでした。貧乏で買えないのではなく、手持ちキャッシュがないから買えなかったわけです。その「手持ちキャッシュ」が増えたら？　買えるようになりますよね。そしたら景気は良くなっていきます。
　つまり、

- ●世の中のお金の量を増やす

↓

●消費者が商品を買えるようになる

↓

●お店が儲かるようになる

↓

●景気が良くなる

という流れが起こるのです。

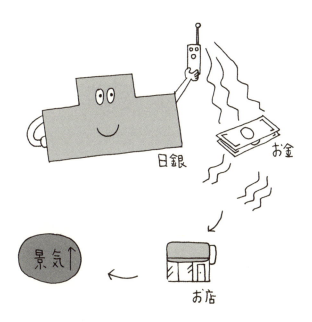

金融政策は金融機関を通じで行われている

っていうか、どうやって現金の量を増やすの？ もしかして、銀行口座にこっそり入れてくれるとか！？

残念ながら、それは違います。金融政策は、誰かの資産を増やす政策ではありません。あくまでも、みんなの手元にある現金を増やす政策です。

同じことでしょ？

いえ、全然違います。同じ100万円分の資産でも、現金・株・債券・不動産、その他いろんなパターンで持つことができます。「手持ちの現金を増やす」というのは、その手持ちの資産を、株や不動産ではなく、現金で持つということです（現金の比率を増やす、ということです）。

また、借金をしたら手持ちの現金が増えますね。いずれ返さなければいけませんが、借りている間は、自分が使えるお金で「現金が増えた」ことになる。

金融政策で世の中にある現金を増やそうとする場合、そのやり方は2つあります。

1つは、「金利を操作する」。2つめは、「出回っている現

金そのものを増やす」です。順番に解説しましょう。まず「金利を操作する」です。

金利をどうやって変えるの？

　かつては、「公定歩合」という日銀が決める"オフィシャルな金利"があり、それを変えることで、世の中の金利を操作していました。
　この公定歩合は、日銀が一般の銀行にお金を貸し出すときの金利です。民間の銀行は預金者からだけでなく、日銀からもお金を借りてビジネスをしているのですが、日銀から高い金利でお金を借りなければいけないときは、銀行もそのまま高い金利で世の中の企業や個人にお金を貸し出さなければいけません。

そうすると、どうなるの？

　公定歩合が上がると、世の中の企業や個人がお金を借りづらくなります。とすると、みんなが現金を手にできなくなるということで、出回っているお金が減ることになります。つまり、みんなの手持ちの現金が減るんです。
　公定歩合を上げると、世の中の現金の量が減るんです。
　反対に、日銀が安く貸してくれれば、銀行も安く貸し出せます。その結果、みんなの手持ちの現金が増えていきます。

かつては、日銀はこの公定歩合を変えることで、世の中の金利を操作し、世の中の現金の量を変えてきました。公定歩合が世の中の金利の基準になっていたわけです。

「かつては」ってことは、今は違うの？

　そうなんです。1996年に金融ビッグバンが起こって自由化が進み、各銀行が自由に預金金利・貸出金利を設定できるようになりました。そのため、日銀が直接操作することができなくなりました。

　ただ、直接は操作できなくても、まだ間接的に操作できます。日銀は、金融機関同士がお金の貸し借りをするときの金利を変えるように働きかけています。ちなみに「無担保コール翌日物金利」という名前です。名前は覚えなくていいですが。

なんか難しそうな名前だね……

　これはA銀行がB銀行から「今日お金を借りて、明日返す」というときに適応される金利です。

1日で返すの？
1日しか借りなくて、何が買えるんだろうなぁ

62

銀行が「1日だけ」お金を借りるのは、何かを買いたいからではありません。

金融機関は日銀に決まった額のお金を預金しておかなければいけません。それを「法定準備預金」といいます。日銀に預けておかなければいけない金額ですが、日々企業に融資をしていたりすると、この法定準備金が足りなくなることがあるんです。

でも、このお金が足りなくなると、大変です。だから他のB銀行から「ごめん、1日だけ貸して！」と言ってお金を借りるんです。そのときの金利がこの「無担保コール翌日物金利」で、日銀は公定歩合の代わりに、これを変化させるように働きかけています。

これでも同じことができるの？

公定歩合のように直接的な操作はできませんが、間接的にはできます。

なるほどね。で、2つめの作戦もあったよね

それが「出回っている現金そのものを増やす政策」ですね。

日銀が「金利を通じて」ではなく、「直接的に」世の中の現金を増やす作戦があります。それが「公開市場操作」といわれるものです。

どういうことか説明しますね。

日銀は銀行が持っている「国債」を買うんです。国債とは、国（政府）が発行する債券のことです（詳しくは第7章で解説します）。そして、銀行は国債を売って代金を現金で受け取ります。となると、銀行が持っている資産の金額は変わりませんが、持っている現金の量が増えますね。それが大事なんです。

日銀はいくらで買うの？

今の段階で、それは気にしないでください。ここで大事なのは、「銀行がこれまで持っていた国債の代わりに、現金を手にする」ということです。

うん。それで？

金融機関（たとえば銀行）は、手持ちの現金を企業や個人に貸す仕事をしています。ということは、その「手持ちの現金」が増えれば、貸し出せるお金が多くなりますね。

その結果、融資を受けられる人が増えます。企業は新しいビジネスができるようになり、個人はローンが組みやすくなって、家や車を買えるようになります。

日銀が行う「世の中のお金を増やす政策」を「金融緩和政策」といいます。

景気対策って何をするの？ | 第 2 章

なんで、銀行の手持ち現金が増えると、多く貸し出すようになるの？

　それは、銀行のビジネスが「資産を運用すること」だからです。銀行は預金者からお金を預かって、それを運用するビジネスをしています。集めたお金を金庫に置いておくだけでは儲かりません。運用しなければいけないんです。必要以上の現金を持っておくことは、仕事をしていないということにもなってしまいます。

　だから銀行は、手元にある現金が増えすぎることを嫌がります。「大変だ！ もっと貸し出さなきゃ！」と感じて、融資先を探すようになるわけです。

　その結果、より多くの人がお金を借り、ビジネスを始めたり、モノを買ったりします。これで景気が良くなるんですね。

　これが「金融緩和政策」です。アベノミクスでもこれが行われました。

金融緩和政策の逆パターンもあるの？

　はい、あります。それが「金融引き締め政策」です。単純に言うと、「世の中のお金を減らす政策」です。

　やり方は、さきほどと逆で、銀行に国債を売ります。そうすると、銀行は手元にあった現金が国債に代わるので、貸し

出せなくなりますね。

　そうすると、ローンを組みたい個人や融資を受けたい企業にお金が行き渡らなくなります。「商品を買いたくてもキャッシュがなくて買えない！」という状態になります。需要はあっても実際に商品を買うことができなければ取引は成立しません。「買いたくても買えない状態」になるんですね。

　だから、日銀が銀行に国債を売ると、世の中の商売が下火になり、景気が悪くなっていくんです。

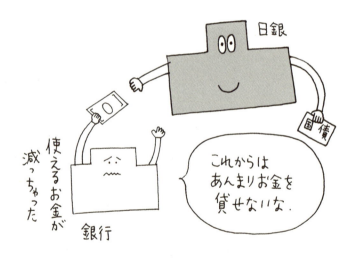

第4話のポイント

● 景気対策は、大きく分けて「金融政策」と「財政政策」の2つがある。

● 金融政策とは、日銀が世の中に流通するお金（現金）の量を調整し、経済を安定的に成長させる政策のこと。

● 世の中のお金を調整するには、「金利の操作」と「現金の量の調整」の2つがある。

● 日銀は、銀行との金利を調整することで世の中の金利を操作し、国債の売り買いによって（公開市場操作）現金の量を操作して、景気をコントロールする。

● 世の中のお金を増やす政策を「金融緩和政策」といい、減らす政策を「金融引き締め政策」という。

日銀と政策の話

そもそも日銀って、何？

そういえば、さっきから出てきている日銀って、なんだっけ？ 銀行？

　そう、銀行です。三菱東京UFJ銀行、三井住友銀行などの一般の銀行とは違いますが、日銀も株式会社で、一応「民間企業」です。

　日銀の主な役割は、普通の銀行と同じ「銀行業務」です。ただ普通の銀行とは違う、特別な銀行です。日銀は、一般企業にお金を貸したりしません。その代わり、国の政策を担っています。

　国の政策というと幅が広すぎますね。具体的に言うと、日銀の仕事は「物価を安定させながら、経済を安定成長させていくこと」です。この物価を安定させることは、とても重要な要素です。

　日銀が「目標」のために実施していることは具体的にどんなことなのか？　具体的な役割としては、大きく分けると、3つの要素があります。1つずつ紹介していきます。

①発券銀行としての役割

　まず、日銀はお札を発行します。千円札を見てみてください。「千円」という文字の上に「日本銀行券」と書いてあります。日銀が刷っているから「日本銀行券」で、そして日本銀行券は日銀しか刷ってはいけません。五千円札、一万円札も同じです。

へぇ〜。日銀がお金を刷ってるんだね

　世の中の多くの人が「お金がほしい！」と感じています。でも、お金がほしいといって、みんなが勝手に1万円札を刷ったら、大変なことになります。働かなくてもお金を作り出せるので、誰も働かなくなり、商品もなくなってしまいます。

　なので、お札を刷る権限は日銀だけが持っていて、その他の人が刷ったら「偽造」になりますね。

これが"物価を安定させて、経済を安定成長させる"という目的につながってるの？

　はい、そうなんです。さきほど、金融政策の箇所で解説しましたが、日銀は世の中の現金の量を調整することで、景気をコントロールしています。もし、日銀以外にもお札を刷る

ことができ、その人が勝手に世の中にバラ撒いてしまったら、お金の調整はできませんよね。

なるほどねぇ。でも、100円玉には「日本銀行券」とか「日本銀行玉」って書いてないね

よく気づきましたね。日銀は硬貨を造ってないんです。硬貨はまた別の「造幣局」というところで造られています。

②銀行のための銀行

他にも日銀は、「銀行のための銀行」という役割をこなしています。これがとても重要です。

銀行のための銀行？　意味わかんない

民間銀行が日銀に預金をしたり、日銀からお金を借りたりするということです。

考えてみると民間の銀行も、他の普通の会社と同じように、毎日がんばって経営しています。利益を出すためにみなさん働いていらっしゃいますよね。だから普通の会社と同じように、自分の資金を預金したり、逆に銀行から借り入れしたりします。民間の銀行も余分なお金は貯金するし、足りなければ借りるわけですね。

しかし、銀行も資本主義の中でライバルに勝とうとがん

ばっています。その他の企業と一緒です。だから自分がピンチだからといって、すぐライバルの銀行からお金を貸してもらえるかというと、それは難しい話です。

え？　お互い見捨てちゃうの？

　多少のお金なら融通できるでしょう。でも過去に起こったリーマンショックなどの世界的不況のときはどこも苦しいです。そんなときに「うちの銀行、困ってるんですぅ。お宅の銀行からお金借りたいんですぅ」と言っても貸してくれるとは限りません。

　ただし、銀行は、その他一般企業の会社のお金を預かったり、お金を貸し出したりしていて、経済に対して大きな影響を持っています。いくら競争競争といっても、簡単につぶれてもらっては困る。だから銀行に対しては特別に日銀がお金を供給して、安定させます。銀行が困ったときにお金を借りられるのが日銀なんです。これが「銀行のための銀行」としての役割です。

③為替を安定化させる役割

　さらにもう1つ、日銀には円高・円安など為替が急激に変化するときに抑える役目があります。（日銀が為替を変化させることを「為替市場介入」といいます）。これも非常に重要な役割です。

現代の変動相場制では、必ずしも為替レートは適切な水準になっているわけではなく、実体経済とかけ離れて相場が変動することがよくあります。
　ただし、為替は、貿易など海外と取引する際には必ず出てくるものですし、じつは日本の物価や景気とも大きく関わっています。なので、これを無視しているわけにもいきません。そこで日銀が為替の動きをチェックして「適正な範囲内」に収まっているかどうかを確認しながら、収まっていないときには、為替介入（日銀が民間の取引に参加すること）して、適切な水準に戻していくのです。

具体的に、どうやって為替を適切な水準にするの？

　日銀が実際に取引に参加して、円を売ったり、買ったりするんです。もっと円安にしたいなと思ったら、日銀が円を売ります。円高にしたいと思ったら、円を買います。日銀は膨大な資金を持っているので、大量に売り買いできます。そのため、為替レートに与える影響も大きいです。
　この「為替を（適切な水準で）安定化させる」ということも日銀の仕事の1つです。

　政府の役割にも同じようなことがありますが、日銀もまた違った側面から景気をコントロールして、安定的に経済が成

長するようにサポートしていくことが大きな役割になります。

　このように、国全体のことを考えて政策も行う銀行を「中央銀行」といいます。日本の中央銀行は日銀、アメリカで中央銀行の役割を果たしているのは「FRB（Federal Reserve Board：連邦準備制度理事会）」という組織です。

日銀と政府は別モノ

　アベノミクスが始まる前、「日銀総裁（日銀のトップ）を誰にするか」を巡って、ひと悶着(もんちゃく)ありました。

> いつも話題になることなんだっけ？

　いえ、そうではないです。今回は特別でした。なぜかというと、このときに日銀のトップになる人は、「アベノミクスの政策に全面協力する人でないといけない」というプレッシャーが政府から出されたからです。

> それがそんなに問題なの？

　結構大きな問題なんです。言葉は悪いですが、日銀のトップが「政府に全面協力する」ということは、「政府の言いなりになる可能性がある」ということです。そして、もし「言いなり」になってしまったら後に大きな問題を引き起こします。

> 日銀が政府の言いなりになったら、どんなデメリットがあるの？

　仮に日銀総裁が政府の言いなりになった場合、どのような

デメリットがあるのかを考えてみましょう。

　政府は、病院や学校をつくるなど、国民のための仕事をしています。そして、そのためにはお金が必要ですね。だから税金を集めているわけですが、国民が納める税金では足りません。そのため、現在も政府は国債を買ってもらい、借金をしています。

　政府はいろいろなことをやりたいけど、税金だけではお金が足りない。そんなとき、日銀が政府の言いなりだとどうなるでしょうか？「足りなければ、日銀にたくさん国債を買ってもらおう」と政府は考えるかもしれません。日銀はお金を刷ることができるので、日銀からは理論上無限に借金ができます。

　そうなれば、政府は必要なお金を全額日銀から借金できます。しかもとても簡単に。こんな都合がいいことはありませんね。

> なんかマズそうなのはわかるけど、それはいけないことなの？

　政府が日銀から無限に借金ができると、政府は無限にお金を使えることになりますね。そして、政府が無限にお金を使うと、その大量のお金が世の中に流通することになります。それがいけないんです。

　単にお金の量だけが増えると、「インフレ（正式にはイン

フレーション)」(→第6章参照)を引き起こす危険性があり、国民の生活に悪影響を及ぼします。

　日銀が政府の「言いなり」だと、政府の財政事情に応じて、簡単にお札を発行できてしまうので、国民の生活が簡単に左右されてしまうんです。

 でも、日銀も政府も、景気を良くするために働いてるんでしょ？　だったら政府の言いなりでも良くない？

　もちろん、同じ目的に向かって政策を実行するときもあります。でも、日銀には「物価を安定化させる」「為替を安定化させる」という役割もあります。これは、政府にはありません。

　政府は、選挙で選ばれた政治家が運営していますので、「選挙に有利な政策」をどんどんやってしまう危険性もありますね。たとえば、「日銀から借金しまくって、とにかくたくさんお金をばらまきます！」という政策もできてしまうんです。不景気の真っただ中だったら、国民もその甘い言葉に誘われてしまうかもしれません。

　国民のためを思ってであればまだしも、与党の人気取りに日銀が使われてしまうと、大変なことになりますね。

　だから日銀は政府の言いなりでは困るのです。他の国でも、日銀のような銀行（中央銀行）は、政府から独立しています。

「マネーサプライ」って何？

　日銀が政策を行う上で、とても重要な指標があります。それは「マネーサプライ」です。

　このマネーサプライは、「マネー（お金）」の「サプライ（供給量）」という意味で、「世の中にどれくらいお金が出回っているか」を示します。日本銀行は毎月、このマネーサプライの調査をして、どれくらい変化しているか動向を調べています。新聞でもたまに見かける言葉なので、ぜひ知っておいてください。

> カタカナばっかりで難しいなぁ

　まず知っていただきたいのは、経済でいう「マネー」は、現金のことだけではない、ということです。現金はもちろん普通預金も「マネー」として扱います。

> 預金がマネー？　なんか変な気がするなぁ

　じつはそんなことないんです。クレジットカードで買い物できるのは、普通預金に残高があるからですね。残高不足になると、カードは使えなくなりますね。

　また、デビットカードといって、使った瞬間に普通預金の残高が減るものもあります。これは現金ではなく、普通預金

を使って支払っている、ということですね。だから普通預金もマネーなんです。

　その他、定期預金も「マネー」です。ただ、定期預金は普通預金ほど簡単には使えませんね。引き出そうと思ったら定期預金を解約しなきゃいけないし、クレジットカードの引き落とし口座にも指定できません。マネーとしての性質が異なるんですね。

　そして、マネーのうち、どこまで対象に入れるかによって、M1（エムワン）、M2（エムツー）などと呼び方が変わります。

M1（エムワン）	現金通貨 ＋ 預金通貨（要求払い預金）
M2（エムツー）	M1 ＋ 準通貨（定期性預金）
M3（エムスリー）	M2 ＋ 郵便貯金、農協、信用組合などの預金
CD	譲渡性定期預金（他人に売ることができる定期預金。普通の定期預金は銀行が預金者に発行する「預り証」で、他人に譲る〈売る〉ことはできない）

　そして「マネーサプライはどれくらいか？」を考えるときには、状況に応じてM1を指標として使ったり、M2を使ったりしますが、一般的な指標は、「M2+CD」です。つまり、キャッシュ、普通預金、定期預金、譲渡性定期預金の額を調べているんですね。

「マネー(貨幣)」が増えると、どうなる？

ところで、なぜ日銀はマネーサプライを毎月チェックするの？ チェックして何になるの？

　それを理解するために、まず「マネー」とは何なのかを説明しますね。「マネー（貨幣）」は、ひとことで言うと「何かを買えるもの」で、「商品引換券」みたいなものです。

　なので、世の中にマネーがたくさん流通しているということは、世の中に「商品引換券」がたくさんあるということで、これから商品に交換されるということを意味しています。商品引換券の数が多ければ多いほど、今後「引換」が多くなるのが普通です。

　つまり、マネーの量を見れば、今後取引される量の目安がわかりますし、マネーの量をコントロールすれば、将来の取引量も大まかにコントロールできる。だから、念入りにチェックしているんです。

　そしてそれをコントロールするために、市場の金利を操作したり、「公開市場操作」を行ったりするんです。

　さきほど説明したように、世の中に出回っている「マネー」には現金、預金などいろいろな種類がありました。「M2＋CD」の構成を確認してみますと、最近のデータでは次のページのようになっています。

現金通貨	82兆円	7%
預金通貨	498兆円	42%
準通貨	561兆円	48%
CD	34兆円	3%

「マネー」の中では、現金の比率が結構低いことがわかりますね。

「ゼロ金利政策」って何？

　日銀が行っている政策として一番"馴染み"があるのは「ゼロ金利政策」かもしれません。この政策以上にぼくらの生活と関係が深いものはないのでは？　と感じることもあります。

あぁ、知ってる。
銀行預金の金利をゼロにする政策だよね

　消費者からすると、そのような目的の政策に見えました。でもじつは、そうではありません。「ゼロ金利政策」とは、「銀行同士でお金を貸し借りするときの金利を、実質ゼロにする政策」のことです。

　さきほど少し話に出てきたように、銀行も一般企業と同様に他の銀行からお金を借りてビジネスをするときもあります。そして当然、一般企業が銀行からお金を借りるときと同じで、金利を払います。

　その金利、特に「今日借りて、明日返す」という超短期間でお金を借りるときの金利を「ゼロ」にしようとしたのが、「ゼロ金利政策」です。

あ、前に出てきた
「無担保コール翌日物金利」ってやつだね

よく覚えていましたね。その通りです。それをゼロにしようというのが、「ゼロ金利政策」でした。

ところで、この「ゼロ金利政策」の目的はなんだったの？

そもそもは、世の中の企業を助ける応急措置でした。

ゼロ金利政策が実施されたのは、1998年に「バブル崩壊後最悪の経済混乱」があったからです。金融市場が一時的に超混乱し、優良な銀行や企業までもが資金が借りられず倒産してしまうのでは？　という懸念がありました。

そんな事態を避けるために、非常手段として行ったのが「ゼロ金利政策」でした。銀行同士で安心してお金を融通しあえるようにしよう、そして健全な企業には健全にお金が回るようにしよう、という政策で、臨時的な措置だったんですね。

もともと「臨時措置」だったので、経済が少し回復してきた2000年に、「ゼロ金利政策」は一旦解除されています。しかし米国同時多発テロが起こり、世界的に景気が悪化し、日本経済も低迷した時期に、今度は「通常の景気対策手段」として使われるようになりました。

その後、この政策は2006年に「解除」されましたが、2008年のリーマンショックで世界的な不況が起こると再び「ゼロ金利」に戻っています。

まぁでも、感覚的には「ずっとゼロ金利」ですね。

「ゼロ金利政策」で、経済はどうなったの？

　ゼロ金利政策は、もともとは「ちゃんとした企業が、問題なくちゃんとお金を借りられるように」と考えられた措置でした。しかしその目的以外にも経済にいろいろな影響を与えています。

　たとえば、「投資」が増えます。ゼロ金利政策の間は、金利が極端に低くなるので、自分のお金を人に貸しても、利子がほとんど付きません。単にお金を貸すだけでは儲からないのです。

　そうなると他の方法で資金を運用しなければならず、株などに資金が回っていきました。個人で考えても同じことが起こりましたが、銀行預金をやめて、株式を買うという動きが活発に出てきました。そして、それによって、株を買う人が増えれば株価は上昇しやすくなります。

　ただ、もともと「景気が不安定だからゼロ金利にしていた」わけなので、企業の株価もそんな簡単に上がりませんでしたね。

　またゼロ金利政策には、「不良債権処理を妨げている」という批判もありました。

> ん？　どういうこと？？

　銀行は必ずしも優良企業だけにお金を貸しているわけでは

ありません。調子が悪い企業やそもそもダメな企業にもお金を貸しているケースもあります。「ゼロ金利」のときは、わかりやすくいうと、預金金利もゼロ、になります。そのため、銀行がお金を集めるのに必要なコストが「ゼロ」になります。

　だから業績の悪い企業にもすんなりお金を貸せてしまい、業績が悪い企業もなんとか首の皮一枚で、「延命」されてしまう。業績が回復すればいいですが、多くの企業は、そのまま借金を返せません。結果的に、銀行からすると回収の見込みがない「不良債権」が潜在的に残り続けてしまうんです。

　経済の発展のことを考えると、効率が悪い企業が潰れて、資源や資金が、効率のいい企業だけに集中する方がいい。競争社会によって自然淘汰が起こった方がいい。でも「ゼロ金利政策」によって、その「自然淘汰」が起こりづらくなってしまったわけです。

	預金金利	貸出金利
ゼロ金利	ゼロ	ゼロ
金利高い	高い	高い

「量的緩和政策」「包括緩和政策」って何？

ずっとゼロ金利だと、もう金利は下げられないよね。これ以上、何もできないの？

いえ、そうではありません。

もともと、日銀は金利を変えること自体が目的なのではありませんね。日銀がやりたいのは「世の中の現金の量を変えること」です。そしてそれをやるにはまだ別の方法があります。

思い出してください。日銀が行う政策は、

- 世の中の金利を変化させることで、カネ回りをコントロールする
- 日銀が民間の銀行と国債を売買して（公開市場操作をして）、世の中に流通しているお金の量をコントロールする

という方法で行います。

日本はバブル崩壊以降、長らく不況に苦しんでいます。1991年からずっと不況に苦しんでいる状況を指して「失われた20年」という言葉もあります。

日銀も、なんとかしようと「ゼロ金利政策」を行い、金利を極限まで下げて借りやすくしました。でもまだ経済が活性

化されません。

　だから同時に、民間の銀行から大量の国債を買い上げ多額の現金が世の中に放出されています。

おぁ、なるほど、ゼロ金利でもまだまだ対策はできるんだね。なら大丈夫だ

　いえ、それでもまだ経済が活性化しないのです。そこで日銀は次の手に出ました。それが「量的緩和政策」「包括緩和政策」です。

また難しい言葉が出てきた

　「量的緩和政策」「包括緩和政策」も、やっていることは「公開市場操作（日銀が国債を売買する政策）」と同じです。つまり、日銀が持っている現金を民間の銀行に渡して、一般企業が借りやすいように仕向けているのです。

　バブル崩壊以後、金利を下げてもなかなか経済が回復しなかった状態を見て、日銀は、「金利」ではなく「流通しているお金の絶対量」に注目して、それを目標に政策を実施することにしました。それが「量的緩和政策」です。金利を下げて貸出条件を「緩和」させようとしてもダメだったので、「量」で緩和させろ！　ということです。

第 2 章 | 景気対策って何をするの？

じゃあ「包括緩和政策」は？

　これもやっていることは一緒です。ただ、日銀が買い取るものの「種類」が違います。国債だけでなく、投資信託などのリスク資産（価値がなくなるかもしれない資産）も含めて、日銀が民間の金融機関から買い取り、お金を市場にばらまいたのです。

　今まで日銀は国債や、ほとんどリスクがない債券（紙くずになる恐れがないもの）を買い取っていましたが、包括緩和政策では、「もしかしたら価値がなくなるかもしれないもの」まで買ったのです。これはかなり思い切った決断だったと思います。

　アベノミクスでもETF（上場投資信託）やJ-REITなどの資産を日銀が買い上げて、引き換えに現金を世の中に大量流通させています。

ETFとJ-REITって何？

　ETF（みんなが買えるように上場している投資信託）、J-REIT（不動産に投資して、その利益を分け合うタイプの投資信託）も、投資信託の一種です。ここでETF、J-REITの細かい内容は知らなくても構いません。それより重要なのは「これらは、もしかしたら価値がなくなってしまうかもしれない資産」ということです。

国債も値下がりします。でも、「国債の価値がなくなるとき＝政府が破たんするとき」です。だから、投資する対象としては一番安全なもので、国債が「ただの紙切れ」になる可能性はかなり小さいです。
　でも、ETFやJ-REITは、価値がなくなって「紙切れ」になる可能性も十分あり得ます。そういうものを「リスク資産」といいます。
　日銀が政策として「リスク資産」を買うのは、通例ではありえません。

> なぜ？　やっぱり、価値がなくなっちゃうから？

　そうです。日銀が買い込んで、もし価値がなくなってしまったら、大変なことになります。そもそも、日銀が国債などを買うのは、資産運用のためではありません。金融政策の一環として、世の中の現金の量を調整するために買っているんです。そして、世の中から現金を減らさなきゃいけないときは、買った資産を再度売って、「金融引き締め」をします。
　ここで、日銀が買っていた資産が無価値になっていたら、どうなるでしょうか？
　売れなくなっちゃいますね。そういう危険性があるんです。だから日銀が「リスク資産」を買うのは、よほどの覚悟がなければいけません。

第 2 章 | 景気対策って何をするの？

で、この政策はうまくいったの？

　残念ながら、効果は小さかったようです。量的緩和・包括緩和政策は、お金を借りたい企業に、どんどん資金が貸し出されるように準備を整えました。でも、肝心の「お金を借りたい企業」がそれほどなかったのが原因です。「たくさん借りられる」とはいっても、借りている期間は利子を払わなければいけないので、無目的に企業がお金を借りるはずはありません。お金を準備して待っているだけでは効果はなかったのです。

　しかし一方で、日銀は買い続けています。2011年末で、「ETFを一番持っているのは日銀」という状態になりました。

　日銀はETF自体をほしいわけではなく、いずれ誰かに売って世の中に出回っているお金を吸収するために持っています。しかし、もしそのときにETFの価値が「ゼロ」になっていたとしたら？　日銀は誰にも売ることはできません。結局、その分のお金を世の中にばらまいただけになるのです。

ばらまくのはダメなんだっけ？……
あ、インフレが起きるのか

　そうです、世の中のお金の量が増えると、物価が上がってしまうんです（詳細は第6章参照）。インフレになっちゃう

んですね。もし激しいインフレになってしまったら、これまでの貯金額は変わらないのに商品の価格がどんどん上がっていき、ぼくたちの生活は大きく混乱します。そういう危険性があるのです。

　日銀が「物価を安定化させる」という役割を担っていることを忘れてはいけません。経済を安定成長させることは大切なことです。でもその前に、物価を安定させることも同時に重要なことです。

　それをないがしろにしてしまったら、国民の生活がとんでもないことになってしまうでしょう。

第5話のポイント

● 日銀とは、主に①お札の発行、②民間銀行にお金を貸す、③為替を安定させる、という3つの役割を持った特別な銀行。

● 日銀は、お金の供給量を操作することで、景気と物価をコントロールする。

● 世の中に出回っているお金の量を「マネーサプライ」という。

● 金融政策は、①（旧）公定歩合を操作して景気や物価をコントロールする、②公開市場操作を行って景気や物価をコントロールする。

● ゼロ金利政策とは、銀行同士がお金を貸し借りするときの金利を「実質ゼロ」にしよう、という政策。

● ゼロ金利政策は景気を回復させるための臨時手段だったが、一方で企業の「自然淘汰」を起こりにくくした。

● ゼロ金利にしても、景気が良くならなかったため、「量的緩和政策」「包括緩和政策」などの別の策がとられた。

景気対策に税金を
どう使うの？

第6話

財政政策の話

財政政策って何をするの？

　景気対策の2つめが「財政政策」です。

　財政政策とは、簡単に言うと「政府が、国民から集めた税金を使って、景気を良くしようとすること」です。

　もちろん、やみくもにお金を使うわけではありません。意味があることにお金を使います。ただ、「必要なものにお金を使う」というよりは、「景気を良くするために、お金を使う」という意味合いの方が、かなり強いです。

　ちなみに、「必要なものにお金を使う」という場合は「財政政策」ではなく「財政支出」と、別の名前がついています。

> ってことは、財政政策は、
> 「とにかくお金を使うこと」が目的なの!?

　そうです。まったく無意味なものには使いませんが、「国民の生活を良くするために、必要に応じてお金を使おう」という感じではありません。「必要に応じて」ではなく、「○○円使う」ということが目的です。景気を良くするために、政府が国民から集めたお金を使うんです。

景気対策に税金をどう使うの？ | 第 3 章

でも、政府がお金を使うっていうのが、よくわからない

　政府は商品やお弁当を買うわけではありません。もしくは「よぉし、ビールを買って国民に振る舞おう」といってコンビニで買い物するわけではありませんね。もっと大掛かりなものを買います。

　財政政策で使うお金は、「公共事業」やインフラ整備などに向けられます。たとえば、長年「ムダ」として非難され続けている「道路の補修工事」やダムなどは、「財政政策」で造られたりしています（もちろん中には、景気に関係なく、必要だから造るというものもあります）。

　大まかに言うと「財政政策」といったら「公共事業を実施すること」とイメージしていただいて OK です。

これって景気対策なんだよね？
道路工事をすると、なんで景気が良くなるの？？

　それは、「企業が仕事を受注して、利益が増えるから」です。
　個人の買い物とは規模がまったく違いますが、財政政策も「誰かにお金を払って作ってもらっている」という意味では「商品を買っている」ということと同じですね。つまり国が財政政策を実施すると、世の中の商売の量が増えるんです。
　そしてその効果が、世の中全体に波及していくのです。

政策が波及する「乗数効果」って何？

世の中全体に波及……。
わかるような、わからないような

その波及の仕方を1つずつ、段階を追って解説しましょう。

● 政府が財政政策として1兆円を使う（道路工事をする）
　↓
● どこかの工事業者Aが、1兆円の仕事を請け負うことになり、利益が出る
　↓
● その工事業者Aは、セメントなどの原材料をB社から仕入れる。
　↓
● B社の売上が増え、C社から備品を購入する。B社は社員を増やす。
　↓
● C社も売上が増え、D社から別の備品を購入する。
　↓
● A社、B社、C社、D社でも社員が増える（もしくは給料が上がる）
　↓

- 新しく雇われた人、給料が上がった人たちが、商品を多く買う
  ↓
- 世の中で商品が売れていく
  ↓
- 世の中のお店が儲かる
  ↓
- 国民の給料が増える
  ↓
- 国民がもっと多く買い物をする
  ↓
- 世の中のお店がもっと儲かる
  ↓
- 国民の給料がもっと増える

　という流れです。
　ここで注目していただきたいのが、「国民の給料が増える」の後の、「国民がもっと多く買い物をする」「世の中のお店がもっと儲かる」「国民の給料がもっと増える」というところです。一度、"いい循環"が生まれると、その"いい循環"自体が、次の"いい循環"を生み出します。これを経済学では「乗数効果」と呼んでいます。
　この理論通りに考えれば、政府が財政政策で使うお金は「呼び水」程度でよく、あとは"いい循環"が景気をどんど

ん改善してくれるはずです。

　そして、財政政策を1兆円から2兆円に増やせば、それだけ恩恵を受ける人も増えていきます。財政政策をたくさん実施すれば、景気も「たくさん」良くなるし、少ししか実施しなければ、「少ししか」景気が良くならない、ということですね。つまり、政府は財政政策を通じて日本経済をある程度コントロールできるわけです。

金融政策でも、財政政策でも
景気を良くできるんだね。何か違いはあるの？

　財政政策は、政府が直接お金を使うので、金融緩和政策よりも「確実」に効果を出すことができます。さきほど紹介した金融緩和政策では、結局企業や個人がお金を借りてくれなかったら何の意味もなくなります。金利を下げても、銀行の手持ち資金が増えても、それで実際にお金を借りてくれなければ意味がありません。そして、実際にお金を借りてくれるとは限りません。

　それに対して財政政策は「確実」です。政府がお金を使うと決めたら、実際にお金を使えるので、確実に民間企業の売上を増やすことができます。

　アベノミクスでも多額の税金を使って財政政策を行いました。民間企業に仕事を発注し、お金を渡しているわけですね。

第 3 章 | 景気対策に税金をどう使うの？

財政政策のお金はどこからくるの？

そっか。政府がたくさんお金を使えば、どんどん景気が良くなるんだね。じゃあ、もっと使ってほしいな

　それが、そうもいきません。政府が使えるお金がなければいけないからです。政府は商売をしていませんので、自分でお金を稼ぐことはできません。政府は国民から税金を集めて、それを使うのです。
　ただ、税金で集めるだけでなく、政府は「借金」をすることもできます。というよりむしろ、最近は借金をしないと国の活動を維持できなくなっています。

借金!?　政府が借金するの？　どういうこと??

　政府は、使えるお金がなくなったとき、「国債」を発行して借金をします。国債とは、国（政府）が発行する債券（紙切れ）です。政府はこの国債を誰かに売ります。そして100万円の国債なら、100万円で売るわけです。そして、この国債を持っている人に、定期的に利子を払います。

100万円で国債を買ったら、利子を受け取れるってこと？

そうです。国債は「買う」「売る」と表現しますが、実際には「政府は国債を持っているあなたに借金していますよ」という証明書のようなものです。そしてその証明書を持っている人に対して、政府は定期的に利子を払います。ただし、国債はずっと持っているわけではなく、期限が来たら国に買い取ってもらいます。

期限って、いつ？

国債には、短いもので"6カ月モノ"、長いと"40年モノ"まであります。何年モノの国債を買うかは、みなさんが最初に決め、その期間がたったら国に買い取ってもらうわけです。

「国債」という名前がついていますが、期日がきたら国がその金額を払い戻さなければいけません。これは結局、"借金"と同じですね。国が"100万円、40年モノ"の国債を誰かに売るということは、その人から100万円を40年間借金しているということと同じです。だから、国（政府）が国債を売る＝国の借金が増える、ということなんです。

公共事業なんてムダじゃない？

　政府は、なんとか景気を安定的に成長させようとして、財政政策を行っています。またその他景気を良くする目的以外にも、社会に必要なものをお金をかけて整備しています。

　なので本来は、財政政策は非常にありがたいものです。そして国民は「財政政策をもっとやってほしい！」「公共事業を増やしてほしい！」と感じるはずなんです。

　でも、実際はそう思っている人は少なそうです。なぜか？

> だって、公共事業はムダ遣いにしか思えないもん

　そう感じている方は多いと思います。では、公共事業がムダに思えるのは、なぜでしょうか？

　かつて日本では、戦後の焼け野原からアメリカ・ヨーロッパ諸国に追いつき・追い越すために、一丸となって工業化と経済発展に注力しました。そのときはまだまだ道路や橋の数が足りず、社会や経済の基盤となるインフラ（正式には「インフラ・ストラクチャー」といいます）が不足していました。道路や橋などは国内のモノの輸送に欠かせないもので、産業が効率化し、経済が発展していくにあたり、基盤・前提になるものです。

　そのため、まずは建築土木の整備が必要で、実際に、建設業に従事する人が労働力人口の約１割に達していました。必

要性も高くて、直接影響を受ける人（建設業に携わっている人）も多かったため、長い間景気・雇用対策としてこの分野の公共事業が好んで使われていました。

　しかしながら、最近は事情が変わってきています。
　日本ではすでに、必要なインフラはかなり整備されてきました。つまり、もうそれほど必要ないんです。それに、公共事業で造る道路や建設物の多くは現時点で「未開発」の地域で行われます。ということは、人がたくさん住んでいる地域の「よく使われるもの」ではなく、人があまり利用しない地区で行われているのです。
　でも、それを造るお金は国民から税金として徴収しています。要するに、よく使う場所にはすべて行き届いてしまったので、これからは「あまり使わない場所」にしか造れないのです。

　また国全体で見ると建設業に従事している労働者の割合も、以前に比べて減ってきていますので、政府が行うダム建設で直接仕事が増えて恩恵を受ける人も少なくなっています。
　国民が生活している場所とは違うところに造り、しかもその仕事に従事する人が少なくなっていて、直接恩恵を受ける人が少なくなってきているのに、引き続き同じようなことを繰り返しているので、大多数の国民にとっては、公共事業は

景気対策に税金をどう使うの？ | 第 3 章

「ムダ」に思えてしまうのです。

なんで、そんなムダなことばっかりに
お金を使うの？

　ここまで説明してきて申し訳ないんですが、じつは、「公共事業ばっかり」にお金を使っているわけではありません。ぼくたちが思っているほど、道路工事などのいわゆる「公共事業」は行われていないのです。

え！？　そうなの？？

　1970年には国が使うお金の17.6％程度を占めていましたが、2014年は約6％まで下がっています。現在でも5兆円、道路や橋の建設にお金が使われてはいますが、かなり減ってきたんですね。
　「無駄」と思えるような工事は引き続き残っています。しかし一方で「公共事業」が減ってきているという事実も正しく認識すべきです。

じゃあ、政府はお金を使わなくなったってこと？

　いえ、そうではありません。道路や橋を建設する代わりに、別のものにお金を使っています。そしてそれが今の日本財政

の大きな割合を占めています。

「別のもの」って、なに？

　それは、医療や年金などの社会保障です。ここが大事なポイントです。下のグラフを見てください。これは国の支出計画です。集めた税金と借金（総額約96兆円）を、何に使うかが示されています。

日本政府の歳出の内訳（2015）

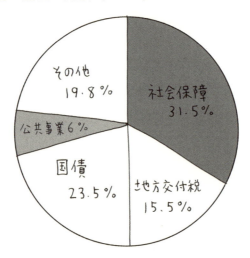

　これを見ると、医療や年金などの社会保障、地方交付税、国債費（国債を買ってくれた人への利子を払うお金＆満期がきた借金を返すお金）がかなり大きな割合を占めていることがわかります。

> うん、そうだね。で？

「国（政府）が何にお金を使っているか」がわかると、必然的に「国がお金を使えなくなったときに、何が起こるか」が見えてきます。政府が借金漬けになると、社会保障にお金が支払えなくなり、地方にお金を渡せなくなり、借金取りに追い回されることになるんです。

> あ……。それは大変だ……

　社会保障などにかかるお金は莫大ですが、簡単に切り捨てることはできません。とても大事なことです。日本国民としては「知らなかった」では済みませんよね。これについては後ほど、第7章で詳しく解説します。

第6話のポイント

- 政府がお金を使って景気対策を行うことを「財政政策」という。"必要なものにお金を使う"のは「財政支出」と呼ばれる。

- 財政政策では、お金は公共事業などのインフラ整備に向けられ、受注する企業がうるおい、いい循環が生まれれば、「乗数効果」によって世の中全体に波及していく。

- 財政政策に使うお金は、国民の税金と、国債の発行によって集められる。

- 昔ながらの公共事業は現在減っていて、国が使うお金の約6%しかない。

- 最近では、医療や年金などの社会保障や、地方交付税、国債費が大きな割合を占めている。

今、どんな政策が行われているの？

日本経済と最近の政策の話

アベノミクスでは何をやっていた？

　ここからは、最近の景気対策、そしてこれから実施される景気対策について解説していきます。最近の景気対策とは、本の冒頭で紹介したアベノミクスの"3本の矢"ですね。「金融緩和」「財政出動」「成長戦略」の3つの作戦で景気をよくしよう！　というプランでした。

あれ？　これまでの「金融政策」「財政政策」とは違う内容？

　いえ、同じです。ここが混乱を招くところですね。結論から言うと「金融緩和」は「金融政策の一種」です。「金融政策」には、景気を良くする「金融緩和政策」と、景気を落ち着かせる「金融引き締め政策」の2種類あることは、前の章で簡単に説明しました。アベノミクスでは、そのうちの「金融緩和政策」をやりますよ、ということなので、大きく言うと「金融政策」、細かく言うと「金融緩和政策」を実施しているということなんです。

今、どんな政策が行われているの？ | 第 4 章

> なるほどね、じゃあ財政出動は？

　これも同じです。財政政策にも景気を良くさせる政策と、逆に景気を落ち着かせる政策の2方向があります。そのうちの「景気を良くさせる政策」のことを「財政出動」というんです。

　話を戻しますね。安倍首相が掲げたアベノミクスという政策では、この「金融緩和」「財政出動」「成長戦略」の3つの作戦を使って、景気を良くしようとしていました。

> っていうか、金融政策と財政政策って、普段やっている作戦と同じじゃない？

　あ、気づいちゃいました？　そうなんです。いつもの作戦と同じなんです。"アベノミクス"という名前を付けているので、さも新しいウルトラCの作戦かと思いきや、（良くも悪くも）定番の政策を実施しているだけ、というのが実際のところです。

　ただ、普段の政策とすべてがまったく同じなわけではありません。"アベノミクス"にも特徴があります。

> 特徴って、なに？

109

大きな特徴は2つあります。

1つは、「インフレ2％を目標！」と数値化させて明確にしたこと。もう1つは、「人々の期待に訴えたこと」です。

インフレ2％？　期待に訴えた？？
全然わからないんですけど……

これだけではまったく意味がわからないと思います。1つずつ説明していきますね。まずは「インフレ2％を目標」についてです。

「インフレ2％」は何が狙い？

アベノミクスの特徴の1つに「インフレ2％を目標」というものがあります。これは正しく言うと、インフレーション率2％を目標ということで、要するに「毎年物価を2％ずつ上げること」を目標に掲げているんです。

物価を上げることが目標なの!?　商品の値段が高くなっちゃうじゃん！　なんでそんなことするの??

それは、インフレが起きると、みんながお金を使うからです。どういうことか、説明しましょう。

インフレとは、継続的に物価が上がることです。たとえば「インフレ率1％」だったら、「世の中の商品が全体的に毎年、1％値上がりしている状態」です。

このインフレが起きると、同じ商品でも去年より今年、今年よりも来年の値段が高いということですよね。

うん、そうだね。で？

今年よりも来年の方が高くなっちゃうんだったら、今年買った方が「得」ですよね。だとしたらみんな「だったら、今年買おう！」と言って、お金を使うようになります。

その結果、商品が売れて、景気が良くなるんです。

また、インフレになれば、借金の返済が楽になります。物価が上がれば、商品を1個売ったときにもらえるお金が（物価が上がった分）増えるわけですね。

　自社の商品がこれまで1個100円だったのに、インフレが起きた結果110円に上がったとします（10％値上がり）。世の中全体的に値上がりしているので、ライバル商品と比べて割高になったわけではありません。消費者からすると「結局、前と同じ」という状態なので、前と同じ数が売れます。となると、売上も10％増え、収入は10％増えます。

うん、だから何？

　ポイントは借金の金額です。収入は10％増えても、借金の金額は増えません。となれば、借金が返しやすくなりますね。極端な話、物価が2倍になり、収入が2倍になったら、実質的に借金が半分になるのと同じなんです。

　要は、インフレの分だけお金を稼ぎやすくなるということ、そして、それだけ借金を返済しやすくなるわけですね。

それで？

　ということは、企業も借金しやすくなる、つまり（借金をして）ビジネスをすることが簡単になるということになります。

今、どんな政策が行われているの？ | 第 4 章

　ビジネスをすることが簡単になれば、経済が活気づいて、景気が良くなりますね。だから大ざっぱに考えると「インフレは景気にプラス」なんです。

なるほどね、じゃあデフレは反対にマイナスなの？

　その通り。反対に、デフレ（物価が下がり続ける状態）だと、消費者もなかなかお金を使おうとしません。物価が下がる→給料も下がる→これから収入が少なくなる→「今使うのをやめよう」となるからですね。

　企業にとっても、物価が下がる→自社の商品の値段が下がる→お金を稼ぎづらくなる→「借金をしたら返済が大変！」→「銀行からお金を借りるのをやめよう」、となります。

　その結果、ビジネスが盛り上がらなくなるわけですね。

　だから、アベノミクスでは「２％のインフレ」を目標に掲げていたのです。

でも、なんで2％なの？ たまたま？

　鋭いですね。それが次の「期待に訴えた」という部分に関係してきます。

113

「期待に訴える政策」って、どういうこと？

　アベノミクスのもう1つの特徴が「期待に訴える政策」だということです。

「自民党に期待してください！」ってこと？

　そうではありません。経済学でいう「期待」は、一般用語の「予想」の意味です。「期待に訴える」というのは、国民が「これから、こうなるだろうな」と予想するように仕向け、そう予想して動くようにし、結果的にそれを実現させようと考えている、ということです。

　もともと、いろんな政策で「期待に訴える」ということがされています。たとえば、総理大臣が「来年、景気対策のために、減税をするかもしれない」とインタビューで口にしたとします。

　そうすると、それを聞いた国民は「まじ!?　じゃあ、来年は少し楽になりそうだから、貯金を切り崩していいかも♪」といって、買い物を始めます。まだ減税されていないのに、減税されたことを見越して動いてしまうわけです。

　景気対策を実行する前に、景気が良くなっちゃうかもしれません。そしてもしかしたら、言うだけで減税はしないかもしれません。みんなの「期待（予想）」をうまく利用すると、現実を変えやすいんです。

第 4 章 | 今、どんな政策が行われているの？

　今回のアベノミクスでは「物価の上昇率を２％にするのが目標！（インフレ２％）」としています。じつは２％物価を上げることは簡単ではなく、かなり本気にならなければ達成できない目標なんです。「２％」という数字には、政府が「本気」で取り組むことが表れているんですね。

　そして、国民も「政府が本気で取り組むんだったら、本当にそうなりそうだ」と思うようになります。それが狙いでした。

　アベノミクスの大まかな内容は、これまで行ってきた政策と同じです。ただ、「インフレ目標２％」と、明確な数字を出し、覚悟を見せたこと、そしてそれを基に国民の期待を変えたことが違いました。

金融緩和政策の波及効果は？

じゃあ、アベノミクスで金融緩和をしたときはうまくいったの？

　率直に言うと、「多少はうまくいった。でも想定通りにはならなかった」というのが、ぼくの印象です。つまり、期待していたくらいの効果はなかったということです。
　なぜ「想定通り」にはならなかったのでしょうか？　それを説明していきましょう。

　金融政策は「世の中の企業や個人が、お金を借りやすくする政策（お金を借りやすくしてお金を使いやすくする政策）」です。そしてもともと、「お金を借りたい人はたくさんいるだろう」という前提で行われています。
　だから金利が下がれば、企業はたくさんお金を借りる！と考えられていました。でも、そうではなかった。

なんで？

　たしかに、お金を借りたい人にとっては、金利は低い方がいいです。金利が高いと「資金を借りて商品を仕入れたりしたいけど、諦めるか……」となります。そんなときに、「金

利が下がりました！」と言われたら、「じゃあうちも借りたい！」と手を挙げる人が増えます。

うん、そうだよね。今回は違ったの？

　今回は違いました。問題は、そもそもお金を借りたいと思っている人が、それほどいなかったということです。お金を借りたいと思っていなければ、金利が低くなっても借りません。「歴史的な超低金利ですよ！」と言われたとしても、「いやいや、いりません」と断るだけです。

　みなさんがご自身のケースで考えても同じように感じると思います。また、普通の買い物も一緒です。いらないものは、いくら安くても、いりません。

　ということは、金利を下げても、企業が融資を受けたい！と思っていなければ、借りないということなんです。

　「金融緩和をすると、景気が良くなる」という理屈には、「金利が下がれば、もっと企業・個人がお金を借りる」という前提が組み込まれています。この前提が崩れたら、結果が変わってしまいます。「金融緩和をしても、景気は良くなるとは限らない」となるのです。

　お金を借りたいと思う人が少なければ、金融緩和政策の波及効果が小さくなってしまうんですね。

景気は良くなるという
「消費者の気持ち」が大切

それじゃあ、アベノミクスの"2本目の矢"財政出動の効果は出たの？

　結論から言うと、こちらも「期待していたよりは効果が小さかった」と思います。繰り返しになりますが、財政出動は、政府がお金を使うことなので、必ず何らかの効果は出ます。

　でも、それだけではダメなんです。「1兆円の財政出動をして、1兆円分の効果があった」では合格点をあげられません。最初の「1兆円」は、単なる呼び水なので、その後に広がっていかなければいけません。

　ただし、その後広がるかどうかは、政府がコントロールできません。

え、そうなの？

　財政出動をするということは、国がお金を使うということです。そして国がお金を使うと、

①そのお金は、誰かの給料になっている。そしてその結果、
　↓

②国民がもっと多く買い物をする。そしてその結果、
　↓
③世の中のお店がもっと儲かる。そしてその結果、
　↓
④国民の給料がもっと増える

　という流れで政策の成果が出てきます。このように、効果が波及していくことを、「乗数効果」というんでしたね。
　ただ、国民の給料が増えても、②で「買い物をたくさんする」とは限りません。各自の判断です。みなさんも給料が増えたからといって、すぐに「もっと買い物しよう〜！」ってなるとは限りませんよね。

うーん、たしかに。
将来が不安だから貯金するかも

　そうです。個人個人で考えたら貯金も大切です。でも、せっかく給料が増えても、みんなが貯金してしまったら、波及しなくなっちゃうわけです。
　この財政出動がどれくらいの効果をもたらすかは、じつは、ぼくら国民がどれだけお金を使いやすくなっているかによるんです。

じゃあ、財政出動がうまくいくかどうかって、消費者の気分次第ってことなの？

　最終的には「消費者の気持ち（消費マインド）」がとても重要な要素になります。
　社会の雰囲気が暗くなり、個人がお金を使わないときはいくらバラマキ政策をやっても効果が限られます。そういう意味で「気分」はとても重要で、みんなに「これから景気は良くなりそう」と思わせること自体がすごく大切です。

成長戦略って何をしているの？

　消費者のマインドを変えるよりも、もっと大事なことがあります。それが「成長戦略」です。

　アベノミクスの"1本目の矢"金融緩和、"2本目の矢"財政出動は、多少の効果はあったものの、日本経済を浮上させる威力はありませんでした。となると期待は"3本目の矢"成長戦略に期待が集まります。

　もともと、金融緩和政策と財政出動は、一時的にしか効かない栄養ドリンク剤のようなものです。これらをやっても、経済の実力が上がるわけではありません。これら金融緩和・財政出動の政策が終わってしまえば、景気はまた元に戻ってしまう可能性があります。

　そうならないようにするために、経済の実力を引き上げなければいけないんです。そのために行うのが、「成長戦略」です。

ほほう、なるほどね。これで安心できる

　しかし正直なところ、この成長戦略は「まだ何も始まっていない」と言ってもいいくらいです。最重要の政策なので、もっと素早く手掛けてほしいところですが、ほとんど進んでいません。

　成長戦略では、「女性が輝く社会に！」や「新しい市場を

創ろう」など、日本経済の実力を底上げする作戦が掲げられています。その中でも重要な作戦「外需を取り込む」というテーマを次に解説していきましょう。

第 4 章 | 今、どんな政策が行われているの？

これからの日本は、
海外にもっと商品を売らなければ！

　日本は少子高齢化の社会です。これは「人口の平均年齢が上がる」ということだけではなく、人口が減っていくということでもあります。

　そして、人口が減っていけば、お客さんの数も減っていきます。お客さんが減っていくということは、同じように商売をしていても、どんどん売上が減っていくということです。商品の質が変わらず、これまでと同じようにがんばっても、商品がなかなか売れなくなるわけです。

　売上が減れば、社員の給料も減っていきます。とすると、国民一人一人が使えるお金も減っていき、ますます商品が売れなくなってしまいます。

う……。大変だ……

　そうですね。すぐにお客さんが来なくなるわけではありませんが、確実に減っていきます。何か対策をしなければいけません。そのためのキーワードが「外需を取り込む」です。

外需？　それ、何？

　「外国からの需要」です。つまり、外国人に買ってもらう商

品ということですね。国内の消費者が減るので、海外のお客さんに買ってもらおうということです。

　第1章で紹介した「誰が商品を買うか」を改めて思い出してください。商品を買うのは、「国民」と「企業」と「外国のお客さん」でしたね。この3者のどれが増えても、日本の商品が売れることになり、日本経済が活性化することになります。

> で、どうすれば外需を取り込めるの？

　やり方は2つあります。1つは①「日本を外国にアピールする」、もう1つは②「外国のみなさんに日本に来てもらう（観光客を増やす）」です。

外国人に「クール・ジャパン」で日本を知ってもらう

　日本から輸出するのは、自動車や機械だけではありません。日本には、最高のコンテンツがあります。また、まだまだ外国に知られていない日本の素晴らしさ、日本の技術力の高い商品もあります。それを国をあげて外国に売り込めば、もっと「輸出」は増えるでしょう。
　「クール・ジャパン」という言葉を聞いたことがあると思います。あれは、日本文化の魅力を伝える取り組みです。

"クール・ジャパン"ってアニメのことだと思ってたよ

　アニメも日本が世界に誇るコンテンツで、これも"クール・ジャパン"です。『ドラえもん』や『ポケモン』は、世界中で放送されていますね。キティちゃんも世界的なキャラクターになっています。
　外国で日本のアニメが放送されれば、日本の会社が放送料を受け取れますし、キャラクターグッズが売れれば、日本の会社が儲かります。知ってもらうだけでなく、ビジネスになるわけです。ちなみに、ぼくが好きな『ドラゴンボール』も世界中で人気です。
　クール・ジャパンは、形がないコンテンツだけではありません。たとえば"和食"も、日本が世界に誇る食文化で、

クール・ジャパンです。

　和食の料理や食材、また"和食の心"が世界に認められた結果、各国で和食ブームが起きています。そしてその影響で、食材の輸出が伸びています。

　また、日本の技術を世界に広めようという動きもあります。日本の技術力は世界的に見て非常に高いレベルにあります。その技術を活かして、外国の鉄道や道路などのインフラ工事を請け負ったり、コンサルティングをしたりしています。

へぇ。何のために？

　これも、日本の会社のビジネスを拡げるためです。鉄道や道路工事を請け負うと、その国からお金をもらえますね。そうしたら、工事を請け負った日本の企業は儲かりますね。

　このような日本の素晴らしい技術やコンテンツを、国（日本政府の人や総理大臣）が先頭に立って外国に売り込む動きがこれから活発になるでしょう。

　これまで、日本政府が"営業マン"になって外国の工事の仕事をもらいに行ったことは多くありませんでした。でも、他の国ではよく行われていることで、とても重要なことなんです。

なるほどね。政府が企業のサポートをするんだね

観光客を呼び込まなきゃ！

　そして同時に、②「外国のみなさんに日本に来てもらう」作戦も大切ですね。外国人を日本に呼び込んで、日本でたくさん商品を買ってもらおうとしています。要は「観光客を増やそう！」ということですね。

　日本は、2001年の小泉政権時代から、外国人観光客をもっと呼ぼう！とがんばっています。訪日外国人旅行者の数は、ここ数年で850万人前後、2013年には初めて1000万人を突破、2014年には年間1300万人を超えました。

1300万人も日本に観光に来てるってこと？　すごいじゃん！

　そうですね、たくさんの人が日本に遊びに来てくれています。ただ、次のページの表のように世界と比較すると、「もっともっと来てほしい！」という思いがします。

世界の観光客数（単位:万人）

順位	2013年	
1	フランス	8500
2	アメリカ	6976
3	スペイン	6066
4	中国	5568
5	イタリア	4770
6	トルコ	3779
7	ドイツ	3145
8	イギリス	3116
9	ロシア	2835
10	タイ	2654
27	日本	1038

今、どんな政策が行われているの？ | 第 4 章

　日本は、フランスの8分の1、イタリアの約4分の1です。そして、タイにも大差をつけて負けているのです。どこもそれぞれ、いい観光地を持っています。ですが、これほど負けているのはちょっと納得がいきません。

日本って、そんなに魅力がない国なのかなぁ？

　いえ、決してそうではありません。
　観光庁の調査によれば、日本に旅行に来た人の満足度は非常に高いです（「大変満足」44.7％、「満足」46.4％で、合計約9割が満足！）。また、「10回以上リピートで日本に来ている人が、全体の10％もいる」という統計もあります。一度来たら、満足し、また来たくなる。日本は、そんな素晴らしい観光国なのです。

へぇ〜、知らなかった！

　このことを世界中にアピールできれば、もっと日本に遊びに来てくれるでしょう。2020年の東京オリンピックは、そんな日本を全世界にアピールする絶好のチャンスです。オリンピックをきっかけに、日本に興味を持ってもらい、世界中から観光客を呼び込むチャンスですね。

> どんなことをアピールすればいいんだろう？

外国人旅行者が興味を持っているのは、

- 「日本食を食べること」53.3％
- 「温泉入浴」46.9％
- 「ショッピング」40.1％

などです。

　これらを起点に日本を紹介し、日本を経験してもらうのがいいでしょう。

　また、日本に来た旅行者は、1人あたり平均約15万円のお金を日本に落とします。

訪日外国人の旅行消費額

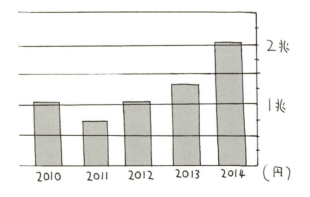

単純計算で、旅行者が1万人増えれば、15億円、10万人増えれば150億円、1000万人増やすことができれば1.5兆円のお金が日本経済に落ちることになります。

 そんなに増えるかなぁ？

　ようやく1300万人に達したところですから、もちろん簡単に「さらに1000万人増加！」が達成できるわけではありません。しかし、フランスが8500万人、イタリアが4770万人、タイが2654万人であることを思い出してください。まだまだ"伸びしろ"はあるはずです。

第7話のポイント

● アベノミクスの3本の矢とは、「金融緩和」「財政出動」「成長戦略」のこと。

● アベノミクスの景気対策は、これまでの政策と大きくは違わないが、「インフレ目標2%」と明確に数値化したことと、それを基に「国民の期待を変えた」ことが特徴。

●「金融緩和」によって金利を下げても、企業や個人による借り入れはそれほど増えなかった。

●「財政出動」によって、ある程度効果は生まれたが、消費は増えなかった。景気が良くなるかどうかは「消費者の気持ち」に大きく左右される。

●「成長戦略」は主に外需を取り込むことで、そのやり方には、①「日本を海外にアピールする」②「観光客を増やす」がある。

第 5 章

円高と円安は どっちが得？

第8話

為替と貿易の話

為替が変動すると、何にどう影響するの？

　第1章で円高と円安の基本的な知識を解説しました。この章では、「為替が変動すると、どういう影響があるのか？」を考えます。

　為替レートは本来国の経済力・貿易競争力に基づいて決まっていくものです。しかし、為替の取引自体が目的になり、金儲けのための為替取引が増えてくると、為替が実態とかけ離れて乱高下するようになります。そうすると、どういうことが起こるのでしょうか？

　前に、日銀には「為替を安定化させる役割がある」と書きましたが、ということは、為替が乱高下するのは望ましくないということですね。具体的にどういうデメリットがあるのか説明していきます。

　2011年は「歴史的な円高」でした。そして2013年4月にはアベノミクスの影響で急激に円安が進みました。この2、3年の短期間に、大きく変化したわけです。これがどういう影響を及ぼすかを考えます。

　まず、為替が変化すると、企業の業績や貿易量にどういう影響が出るのか整理します。イメージしやすいように、また

「円」と「ドル」の関係で考えますね。円とドルだけで考えるということは、「円高」と「ドル安」は同じ、「円安」と「ドル高」も同じ意味になりますので、それを頭に入れつつ、先に進みます。

車を輸出している会社を例に考えてみます。たとえば、今日の為替レートが「1ドル＝200円」だったとしましょう。この自動車は日本で100万円、アメリカでは5000ドルで売られていました。しかし、ここでいきなり円高が発生します。「1ドル＝100円」になってしまいました。

「1ドル＝100円」ねぇ、それが問題でも？

はい、問題おおありです。ためしに売上を計算してみてください。

今までは、日本で100万円、アメリカで5000ドルで売っていましたね。「1ドル＝200円」だから、アメリカでは5000ドルで100万円（5000ドル×200円＝100万円）ということになります。

しかし、ここで1ドルが100円になってしまうと、どういうことが起きるでしょうか？ 5000ドルは日本円にすると50万円になってしまいます（5000ドル×100円）。これまでと同じだけの売上を確保しようと思ったら、アメリカで1万ドル（1万ドル×100円＝100万円）で売らなければなりません。

今まで5000ドルで売っていたのに、為替が変動したせいで、アメリカでの販売価格を１万ドルにしなければならなくなったわけです。
　値上げをすれば、当然売れる量は少なくなります。日本企業にとっては「同じ売上」でも、アメリカの消費者にとっては、5000ドルから１万ドルに値上げされたのです。

値上げしたら、あんまり売れなくなるんじゃない？

　そうですね。なので、企業もそう簡単に値上げできません。そうなると、アメリカでの販売価格を現状から変えられず、利益が少ない商売をしなければならなくなる。これまで通り5000ドルで売ったら、50万円しか入ってこないことになりますからね。
　となると、結果的にアメリカへの輸出はしづらくなります。為替レートが変動したために、輸出量が減ってしまうのです。「円高になると、海外に商品を輸出している企業に不利」ということです。

円高になると輸出に不利なのか。
じゃあ、輸入は？

　反対に輸入は有利になります。今まで100ドルの商品を買うためには、100ドル×200円＝２万円必要でした。でも円

高になって1ドル＝100円になれば、100ドル×100円＝1万円で済むことになります。日本円に換算したときの値段が安くなるんですね。なので、輸入はしやすくなります。

　次は「円安になったら？」を考えます。今は「1ドル＝200円」だったのが、「1ドル＝100円」になった（円高になった）例でしたが、逆に、円安になったらどうなるのでしょうか？

ほほう、どうなるの？

　円安になると、全く反対のことが起こります。
　たとえば、「1ドル＝200円」が「1ドル＝300円」になったとします。そうすると、自動車を今までと同じ価格（5000ドル）で売ったとしても、日本円に換算すると150万円になります。これはラッキーですね。今までとまったく同じことをしていただけなのに、50万円上乗せでもらえました。
　こうなると、有利な条件で商売ができるので、どんどん商品を輸出するでしょう。円安のときは輸出が有利になり、輸出量が増えるのです。「円安＝海外に商品を輸出している企業に有利」ということです。
　そして輸入は逆です。円安になると、円に換算したときの値段が高くなるので、輸入はしづらくなります。「円安＝輸入に不利」です。

円高と円安、どっちがいい？

　アベノミクスの大胆な金融緩和で、円安が進んでいます。円安になれば有利な条件で輸出できますので、商品を輸出している企業にとってはいい環境ですね。アベノミクスでも輸出を増やすことを狙っていて、思惑通り輸出が伸びた企業もあります。

　しかし一方で、輸入には不利です。同じ1ドルのものを輸入しても、2011年は80円前後で買えたのに、2013年は120円払わないと買えなくなりました。実質的に値上げされたわけです。これが家計を直撃しています。また、材料を海外から買っている企業を苦しめています。

そっかぁ、どっちがいいの？

　円高がいいか、円安がいいかは、その人が輸出をしているか、輸入をしているか、によって変わります。また国全体として見たときも意見が分かれるところですね。専門家の間でも、「円高にしなきゃだめだ！」と言っている人もいますし、逆に「円安で日本経済は生き返る！」と主張している人もいます。

> なるほど……。円安の方が絶対いい！ってわけじゃないんだね

　そうなんです。なので、ぼくらは各政策の意味を知り、それが自分にどういう影響があるのかを知らなければいけません。同時に、万能の政策はないので、メリットと同時にデメリットも考えて政策を判断しなければいけませんね。

	輸出は	輸入は
円安だと	有利	不利
円高だと	不利	有利

これからは円高？ 円安？

これからは円高になりそうなの？ それとも円安？

　長い目で見ると、日本経済は徐々に弱くなっていきます。というのは、日本は人口が減っています。人口が減れば日本人相手の商売が減っていきます。消費者の数が減るので当たり前ですね。となると、これからは円安になっていくと考えるのが妥当だと思います。

　また、"日本製"が必ずしも世界で一番質が高いとも言い切れなくなりました。かつて、世界中の人々が、日本の商品を「安くて質が高い」というイメージで捉えていました。でも、いろいろな国が努力して技術を磨いてきた結果、外国製と日本製の差はどんどん縮まっています。

　その結果、世界の輸出に占める日本のシェアは、この20年で半分になっています。かつては、世界中に飛び交っている商品のうち10％弱は日本から輸出されたものでした。でも最近では中国の比率がどんどん高まり、日本からの輸出は若干4％強に減っています。となれば、「日本円」を欲しがる人が少なくなり、円の需要は少なくなります。だから将来的には円安になる、と予想できるんです。

あと、貿易赤字がどうのこうのって話を聞いたけど、あれは何？

　それは、2011年に日本が31年ぶりに貿易赤字に転落したというニュースですね。貿易赤字とはつまり、「外国に売る商品よりも、外国から買う商品の方が多くなった」ということです。これは日本経済に大きな衝撃を与えました。
　これまで日本は外国に商品をたくさん売って、たくさん稼ぎ、経済を成長させてきました。しかし、2011年の震災以降、日本は貿易赤字になっています。

それっていけないことなの？

　貿易赤字ということは、外国に売る量よりも、外国から買う量の方が多いということ。つまり、外国から受け取るお金よりも、外国に払うお金の方が多い、ということです。いわば、日本のお金がどんどん海外に出て行っちゃっているということです。
　海外に出てった「日本円」は、やがて現地の通貨と交換されます。つまり、円が売られるわけです。たくさんお金が出ていくということは、たくさん円が売られるということで、その分、円安になるということなんです。

なるほどね、貿易赤字になると、円安になるんだね

　それだけではありません。日本経済にとってマズいことが起こります。
　なぜ貿易赤字がいけないのか？　イメージ的に言うと、こういうことです。
　ぼくら消費者が日本の商品を買えば、日本の企業が儲かり、日本人の給料が増えます。お金は日本にとどまるんですね。でも、ぼくらがアメリカの商品を買ったら、アメリカの企業が儲かり、ぼくらのお金がアメリカに渡ってしまいます。日本の商品は売れず、日本人の給料は上がりません。どんどん日本の「富」がアメリカに吸収されてしまうのです。

世界の輸出に占める主要国のシェア推移

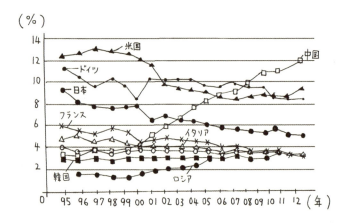

日本は構造的に貿易赤字になっていく

なるほどねぇ。でも日本が貿易赤字になっちゃったのは、なんで？　たまたま？

　日本が貿易赤字になった理由は2つありますが、どちらも「たまたま」ではありません。日本は構造的に貿易赤字になっているんです。どういうことか説明しますね。

　日本が貿易赤字になった1つめの理由。それは「輸入が増えたから」です。そして理由の2つめは「輸出が減ったから」です。外国から買うものが増えて、外国に売るものが減ったから、赤字になったんです。では、なぜ輸入が増えたのか？

　日本は2011年の震災で、原子力発電が使えなくなりました。その結果、エネルギーを化石燃料（原油や石炭）で補っています。この化石燃料費が高く、年間3.6兆円になっています。

　この化石燃料の値段が安くなるか、化石燃料以外の燃料を日本が手に入れるなど、このエネルギーの問題が解決しない限り、日本の輸入量は減らないでしょう。でもそんなに簡単に解決することではありません。

　では次に、2つめの理由「なぜ輸出が減ったのか？」を説明します。

それは、外国製品の質が高くなったからでしょ？

　それもありますが、もっと根本的な問題もあります。それは、いわゆる「産業の空洞化」です。日本企業が安く働いてくれる人を求めて、海外に工場を移転させています。自動車、家電、アパレル各社が海外に工場を持って、現地で生産、現地から世界中に輸出しています。

　たとえば、日本のアパレル企業が中国に工場を持ち、そこからアメリカに輸出すると、それは「日本からの輸出」ではなく、「中国からの輸出」としてカウントされます。日本企業が生産し、日本企業が輸出したとしても、「中国からの輸出」なんですね。

　日本企業は、安い労働力（安い給料で働いてくれる人）を求めて、これからもどんどん外国に出て行くでしょう。そのため、構造的に日本からの輸出は減っていくことになるんです。

　日本は、外国から輸入する量が増え、外国に輸出する量が減っています。これら2つの理由は「たまたま」ではありません。だから、日本の貿易赤字もたまたまではなく、これから円安になっていくと予想できるのです。

輸出を増やす作戦って何？

でも、円安になったら、輸出が増えるんでしょ？これで日本経済は復活するんじゃない？

　そうですね。円安になればそれだけで輸出が有利になります。でも、それだけで経済が回復するわけではありません。日本はこれから「内需（国内の需要。国内で売れる商品の量のこと）」が減っていきます。そのため、もっと積極的に輸出を増やしていかないといけなくなります。
　輸出を増やすには、海外と積極的に貿易をすることが大前提になります。つまり、外国と自由に貿易をしていくことが大切なんですね。最近聞かなくなりましたが、前に騒がれたTPPはこの自由貿易をするための動きでした。

あ、そういうのあったね！　でも「TPP」って結局何だったのか、よくわからない

　いい機会なので、ここで改めて解説しますね。TPPとは、「Trans-Pacific Partnership（環太平洋経済協定）」の頭文字をとった略語です。もともと2006年にニュージーランド、シンガポール、チリ、ブルネイの４カ国が「うちらの中では、自由に貿易しようよ」とつくった一種のグループです。

最初は4カ国で始まりましたが、アジアへの輸出を増やしたいアメリカも参加してくるなど、現時点（2015年1月現在）、すでに12カ国が交渉に臨んでいます。

あ、まだやってたんだね。最近聞かなくなったから、終わったのかと思ってた

　そうですね。今はまだ「交渉中」ですが、中止になってはいません。加盟国同士で自由貿易をしようね！というコンセプトで集まりましたが、どの国も「この商品は自由貿易したくない」という例外を設けようとしており、なかなか合意にいたらないんです。
　ただし、何かの障害や制約があって自由に商売できないより、お互いが自由に貿易した方がいいですね。

「自由に」って言うけど、今は何が邪魔になっているの？

　主に「関税」です。関税とは、輸入するものにかける税金です。たとえば、外国が日本から100円の商品を輸入します。それに5％の関税をかけると、相手の国内では105円で売られるということです。関税の分だけ、高くなっちゃうわけですね。
　たとえば、アメリカが日本から輸入する商品には、結構な

額の関税がかけられています。たとえば、自動車には2.5％、繊維製品には８％関税がかけられています。

また韓国が農作物を輸入するとき、約50％（48.6％）の関税をかけています。

……それだと、いくらで売られることになるの？

100円の商品に関税がかかると想定します。５％の関税だと、100円の商品に５円の関税が上乗せられて「105円」になります。10％の関税で、100円が110円になります。

そして、たとえば、韓国では100円のお米を輸入したら、48.6円の関税を足して約150円になるわけです。韓国に農作物を売ると、1.5倍の値段になってしまうんですね。

いくらいい商品でも、値段が1.5倍に設定されてしまっては、なかなか売るのが難しくなりそうです。

同じような関税が世界中で設定されています。これらがなくなり、「自由に」貿易ができるようになったら、輸出をもっと増やすことができます。そこで「みんな関税をなくして、自由に貿易しようよ」と始まったのがＴＰＰでした。

これまでも同じような話、してなかったっけ？

その通りです。第二次世界大戦以後、時代は「自由貿易」の方向に進んできました。というのも、戦争が起きたのは「各

国が貿易に規制をかけあった結果」だったからです。お互いに輸出を増やそうとした一方、外国からの輸入に対しては関税をかけて国内で売れないようにしました。輸入が増えれば、それだけ自国の企業の売上が減ってしまうからです。自分の国の企業を発展させるには、どんどん輸出を増やす一方で、輸入はさせないように仕向けることが有効だったのです。このような「作戦」を「保護貿易」といいます。

> なるほど。うまい作戦だね

　ただし、お互いの国が、相手国への輸出を増やそうとし、同時に相手国から輸入を阻止しようとすれば、喧嘩になるのは目に見えています。「おたくの国は、うちの商品に関税をかけて輸入しないようにしている。でも、うちにはどんどん輸出しようとしている。卑怯だ！」「それは、あんたの国も一緒だろ!?」といがみ合った結果、「経済の紛争」が実際の戦争に発展したのです。

　そのため、戦後はその反省を活かし、「貿易に関税などの規制をかけるのはやめよう」「できるだけ自由に貿易をするようにしよう」と世界的に話し合いが進められました。その結果、「GATT（関税及び貿易に関する一般協定）」や「WTO（世界貿易機関）」という自由貿易を推進する組織がつくられたんです。

第 5 章　円高と円安はどっちが得？

じゃあ、今までも「自由貿易」だったってことでしょ？　なんで今さら「TPP」なの？

「TPP」が今までと違うのは、関税を全面的に撤廃することを目標にしていること、商品の貿易以外に、「金融サービス」や「人材の交流」も自由化しようとしていることです。「アメリカや東南アジアで作ったお米を、新潟や北海道で作ったお米と同じように買うことができる」とか、「日本人が他の加盟国に行って働くこともでき、逆にそれらの国から日本に働きに来る外国人も自由に受け入れる」とか、いろいろなものを自由にしようという考えがありました。

人類みな兄弟って感じだね。
でも、なんで交渉がまとまらないの？

　それは、関税をなくしたり、自由に取引することに反発する人がいるからです。関税があれば、外国の商品が入ってきづらいため、国内の企業は安心できます。関税がなくなってしまうと、競争が激しくなり、もしかしたら倒産してしまうかもしれません。だから一部の人は反対するんです。
　日本でも、農作物を関税ナシで輸入することに対して農水省や農協が猛反発しています。

なぜ？

　それは、農作物や魚も関税ゼロで海外から輸入しなければならず、日本の農業・漁業は「安い海外産」と競争しなければいけないからです。そして、価格競争に陥れば、日本の農業・漁業は生き残っていけない、と考えているからです。

うーん……。難しい問題だね

　そうですね。ただし、関税を設定していると、消費者は高い値段で買わなければいけなくなります。そして、関税で守られている業種はいつまでたっても強くなれません。

　もちろん、関税がすべてなくなったからといって、輸出が増えるとは限りません。自由に競争できるようになっても、その競争に勝てなければ輸出は増えないのです。また、関税をゼロにすることになったら、混乱を最小限に抑える配慮をしなければいけません。

　でも、たとえば北海道の農家と東京の農家が自由に競争しているように、日本と海外の生産者もお互いに競争し合い、消費者にいい商品を提供してもらいたいと思っています。それが消費者のため、国民のためだと思います。

第 8 話のポイント

- 円安＝輸出が有利で輸入が不利。円高＝輸出が不利で輸入が有利。

- 長い目で見ると、日本経済は人口が減少するため、徐々に弱くなり円安になっていく。

- 輸出が減り、輸入が増えると（＝貿易赤字）、さらに円安に向かう。

- 日本は構造的に貿易赤字である。エネルギー問題から輸入が増えていること、工場の海外移転などにより「産業の空洞化」が起こり、輸出が減ったことが原因。

- 日本はこれから内需が減るため、積極的に輸出を増やしていかないといけない。そのためには外国と自由に貿易をしていく必要がある。

- ただし、自由貿易が進むと、海外企業に負けて倒産する日本企業も出てくる可能性がある。

第 6 章

インフレと
デフレって何？

物価の話

物価って何のこと？

　ここからは、「物価」について解説していきます。第4章で、アベノミクスが「インフレ2％」という目標を掲げていることを説明しましたね。この章で改めて物価（特に、インフレとデフレ）について考えていきましょう。

　最近、スーパーマーケットに行くと、少し前と比べて、いろいろな商品が値上げされていることに気づきます。大手のメーカーがカップラーメンの値上げを決めましたし、その他小麦粉、パン、トイレットペーパーも高くなりました。表示価格自体に変更がなくても、中身の量が減っているケースもありますが、これも立派な値上げです。

　こうなると、特定の商品の値段が上がっているということではなくて、もはや物価が上がっていると考えた方がよさそうです。

 その前に、「物価」って何？

　辞書を引くと「種々の財・サービスの平均的な価格」と書いてあります。つまり、日本で売られている商品全体の値段を指しているんですね。考慮しなければいけない商品が多す

ぎて、消費者の感覚だけでは物価が上がっているのか下がっているのか、正確に判断できません。だから物価がどうなっているかは、ちゃんとデータを取って調べないといけないのです。

誰がデータを取るの？

政府です。政府が「消費者物価統計」というアンケートを取って調べるんです。ただ、全部の商品、全銘柄（ブランド）について、値段の上下を調べることはできませんので、重要な商品を代表選手としてピックアップして、「選抜チーム」から価格の変動を見るんです。

俺らの動きだけ見ていれば全体がわかるのさ

物価って誰が決めるの？

　いま説明したように、「物価」は、全体的な商品の値段を指しているので、なんだか自分たちとは無関係に決まってしまう印象があります。しかし、その物価を決めている個々の商品の価格が決まるときは、みなさんもその商品を作っている「生産者」として、また「消費者」として、大いに関わっています。

ん？　どういうこと？

　商品の価格は生産者（つまり企業）が勝手に決めているように見えるかもしれません。
　でも考えてみると、企業は勝手に価格を設定するのではなく、売れるように値段設定をしています。つまり、消費者に買ってもらえる値段にしているはずですね。消費者であるみなさんの心の中を読みながら値段設定を行っている。そうなると、価格を決めているのは消費者ということになります。

でもさぁ、最近食べ物の値段が急激に高くなったよね。それも消費者が決めているってこと？

　いい質問ですね。お店は消費者に買ってもらえる範囲でギリギリ高い値段をつけたいと思っています。でも、それとは

無関係に材料費が上がったら値上げせざるを得ないということもあります。

　たとえば円安になると、輸入商品の値段が単純に値上がりします。2011年は1ドル80円だったのに、2014年は120円にもなりました。1ドルの商品を日本で買うと、単純に80円から120円に値上がりしたわけです。このように、輸入品の値段が上がることで、物価が上がることを「輸入インフレ」といいます。

　円安になって値上がりするのは、輸入品だけで、日本で作っている商品の値段は変わりません。でも、日本は食料の多くを外国から輸入しています。小麦粉が値上がりしたら、街中のパン屋さんが値上げするということです。

　円安になると急激に食料品などの輸入品が値上がり、いろいろなところに影響が出てしまうんですね。

　また、ガソリンの値段があがったら、輸送コストやその他の費用も高くつくようになります。直接、材料を輸入していなくても、間接的に影響を受けてしまうんです。

景気が良くなると物価が上がる!?

　さらに、さきほど説明した景気との関連で言うと、景気が拡大しているとき（どんどん景気が良くなっているとき）には、物価は上がる傾向があり、景気が悪くなっているときには、物価は下がっていく傾向にあります。

 へぇ、なんで？

　景気がいい時に物価が上がりやすい理由は2つです。1つは、「値段を上げても消費者が買ってくれるから」、もう1つは「人件費などのコストが上がるので、それを商品価格に上乗せするから」です。

　1つめの理由はイメージしやすいと思います。景気がいいので、みんなバンバン買います。そうしたら企業も値上げしやすくなりますね。

　また、景気が良くなっているときには、企業は商売がうまくいっているときです。そのとき、企業はもっと労働者を雇って、もっと商売を拡大したいと考えています。つまり労働者をもっと雇いたいという「労働需要」が増えることになる。

　どんな商品でもそうですが、需要と供給の関係で、「需要」が上がると「価格」も上がります。これは、労働者を雇うときも一緒で、もっと雇いたいと思えば、人件費が上がります。

ただ、人件費が上がると、商品の価格を上げなければいけません。なのでコストが上がった分、高く商品を売ります。このような流れで景気が拡大しているときには物価が上がりやすくなるんです。

物価が上がり続けると、何が問題なの？

ところで、物価が上がると、なぜいけないんだっけ？

　各国の政府はインフレを問題視し、インフレが起こらないように十分対策をとっています。各国の中央銀行（政策を実施する銀行、日本でいうと日銀）は「インフレを起こさない」ということを、政策の第一目標に掲げているのです。なぜそこまでインフレを防がなければいけないのでしょうか？　インフレが起こると何が問題なのでしょうか？

やっぱり値上げは嫌だから？
消費者は安い方が好きだしね

　いえ、そうではありません。もっと大きな問題があります。
　この「商品の値段がどんどん上がっていく状態」は、見方を変えると、「お金の価値がどんどん下がっていく状態」ともいえます。
　つまり、たとえば１万円札を「１万円」として使うことは変わりませんが、もし今まで１万円だった商品が２万円に値上がりしたら、今度は福沢諭吉を２人動員しなければいけなくなります。福沢諭吉１人の「役割、価値」は半分になってしまったということになります。

第 6 章　インフレとデフレって何？

　同じ物を買うのに2倍お金が必要になったということは、お金の価値が半分になったということ。インフレが起きているときは、物価がどんどん上がっているわけだから、反対から見るとお金の価値がどんどん減っているという状態なのです。

それのどこが悪いの？

　インフレで物価が上がったとしても、その分労働者の給料も増えれば、自分のもらうお金も増えて、物価も上がるということなので、結局元に戻っただけで、別に悪いことはないように思えますね。

　確かに、「これから先」だけを見れば、たとえばもらうお金が2倍になって、払うお金が2倍になるだけだから、お金をたくさん持ち歩かなきゃいけないということ以外は、大した影響がないかもしれない。

　また、みんなが「物価が上がっているから明日買うより今日買った方が得だ」と思ったとすると、みんな「今日」お金を使うので需要が増える。そうすると景気が良くなる。これは一見いいことのように思えます。

　しかし、実際にはそうはいきません。さきほど「労働者の給料も上がれば」と書きましたが、通常労働者の給料はそこまで柔軟に変化しません。たとえばインフレが起きて物価が去年より10％上がっても、すぐに労働者の給料が10％上が

161

るわけではありません。みなさんの会社でも昇給は半年に1回か年に1回ではないでしょうか。

　給料が上がるまでの間は、労働者の給料が実質的に下がっていることになります。今までと同じ額面のお金はもらえますが、商品の値段は上がっているので、そのお金で買い物をしても、同じものは買えないのです。

……たしかに

　結局、物価が安定しないと、損をする人が出てきてしまいます。

　また、急激に物価が上がると買い占めが起こる危険性があります。「この商品が明日いくらになっているかわからない！　買えるときに大量に買い込んでおこう！」と考える人も出てきます。人々は不安に駆られて、とりあえずモノを確保します。オイルショックや震災が起きたときのように「買いだめ・買い占め」が起こるのです。これでは通常の経済活動は行われなくなります。

なるほどね、どんどん値段が高くなるんだったら、買えるときに一生分買っておこうとするかもね

インフレが起きると、貯金がなくなる!?

　まだまだあります。インフレは「過去からの蓄積」に対しては非常に厄介な影響を及ぼしてしまいます。

　たとえば、みんなが一生懸命バイトして、月々5万円ずつ貯めて、やっと100万円貯めたとします。ここでインフレが起こる。たとえば物価が20倍になったとしましょう。この場合、自分のバイト代も20倍になっていると仮定すれば、これからするバイトに関しては、インフレの影響はあまりありません。

　ですが、せっかく20カ月がんばって貯めた100万円はどうなるでしょうか。今となったらバイト代1カ月分と同じになってしまうわけです。いくら物価が上がって、それに伴って自分の給料が増えても、口座に入っている預金は変わらない。だから、仕事をやめて今までの蓄えだけで生活している高齢者などはインフレが起きてしまうと、どんどん「貧しく」なっていってしまうのです。

　う、それはすごく嫌だ……

　さらにさらに、自分が誰かにお金を貸したときのことを考えてみてください。あなたは友達に100万円貸しました。友達は来年利子を含めて200万円返す約束をしました。しかしここでインフレが起きて、物価が一気に100倍になったとし

たらどうなるでしょうか？ 物価が100倍だから来年の200万円は今年でいうと２万円の価値しかなくなってしまいます。せっかく100万円貸したのに、返してもらうお金は２万円の価値しかない、こんな状態になったら誰もお金を貸さなくなります。これは困ります。

また、このようにお金の価値が安定しないと、みんなお金を信用しなくなります。昨日は１万円だったけど今日になったら100円分の価値しかなくなったとしたら、怖くてお金を持っていられません。みんなお金を持とうとしなくなり、ちゃんと価値があるものに交換しようとするでしょう。

さらに、お金がなくなるということは、現金で買い物ができなくなるということなので、物々交換に逆戻りです。これも困りますね。だからインフレは困るんです。

第 6 章 | インフレとデフレって何？

でもアベノミクスでは2％のインフレを目標にしているよね？　それはいいの？

　インフレが起こると、もっと商品を買おうとする欲求が高まります。第4章で解説したように、企業もお金を借りやすくなり、ビジネスを仕掛けやすくなります。そのため、"多少のインフレ（「マイルドなインフレ」と言ったりします）"は経済にプラスと捉えられています。だからアベノミクスでは2％のインフレを目指しているんです。
　でもいきすぎたら大変。国民の生活が破たんしてしまいます。

物価が下がり続けると、何が問題なの？

　では、次にインフレと反対の現象「デフレ」（正式にはデフレーションといいます）について説明します。

　日本はずっとデフレなんでしょ？

　そうですね。日本は長い間この「デフレ」に苦しんでいます。
　「デフレ」は「お金の価値が上がり、物価が下がり続ける現象」をいいます。起こる原因もインフレの逆で、簡単に言うと「物が売れないから」です。需要が下がって、物が売れなくなると、お店は仕方なく値段を下げる。この「仕方なく」というところがポイントです。これが全体的に起きているのが「デフレ」ということになります。仕方なく値段を下げたのでお店の利益は下がる。

　そして、商売が小さくなってしまったため、今までたくさん仕入れていた材料を減らしますが、そうすると、取引先の業績も悪化します。これがひどくなると、

- ●A企業の売上が落ちる
  ↓
- ●取引先B企業に仕事を依頼しなくなる
  ↓

- ●B企業の業績も下がる
  ↓
- ●B企業も、今まで付き合いがあったC企業に仕事を発注しなくなる
  ↓
- ●C企業の業績も落ちる

という悪循環になってしまいます。これが「デフレスパイラル」です。

デフレが起きると、何が問題なの？

　さきほども説明しましたが、物価が変わるということは、裏を返すとお金の価値が変わるということです。「インフレ」のときは、お金の価値がどんどん減っていきました。ではデフレはどうなるのでしょうか。インフレと反対で、「お金の価値がどんどん上がっていく状態」です。

　商品の価格が下がるということは、同じお金を出せば、もっと商品を買うことができるようになるということです。同じ1万円でも商品をたくさん買える。これは1万円の価値が上がったということになります。

ということは、どういうこと？

　お金を稼ぐのが大変になる、もっとお金が貴重になる、ということです。

　物価がどんどん下がっていく、つまりお金の価値がどんどん上がっていくと、「今日の1万円」より「明日の1万円」の方が価値が高く、その分稼ぐのが大変になります。

なんかイメージわかない

　商品の値段が下がっているときは、企業はコストダウンして利益を出そうとします。となると、人件費である給料も下

第 6 章　インフレとデフレって何？

がっていきます。だから、稼ぎづらくなるのです。

　そして今後、お金を稼ぐのがどんどん大変になると、どうしても「使わずに貯めておこう」とします。将来の稼ぎがどんどん減っていく……と思ったら、「少しでも将来のために残しておこう」と考えるのは自然な発想ですね。

　また、仮にみなさんがデフレの最中に借金をしたとしましょう。給料は減っていきますが、借金は減りません。デフレになると、借金が重くのしかかることになります。企業にとっても同じです。多くの企業が銀行から借金して（融資を受けて）ビジネスをしています。この借金も企業に重くのしかかることになるんです。

　借金が重くのしかかることがわかっていたら、新しいビジネスを展開しづらいですよね。よく、テレビで専門家が「まずデフレをなんとかしないといけない」と言うのは、

- ●消費者がお金を使わなくなる
- ●企業が新しいビジネスを仕掛けなくなる

からです。

　インフレも害が大きかったですが、デフレも経済にとって「害」です。インフレも悪、デフレも悪、物価は安定しているのが一番なのです。

　ただし、ここで注意が必要です。

　「商品の値段が下がる」＝「デフレ」ではありませんし、「値

169

下げは絶対に悪いこと」でもありません。「デフレ」は世の中全体的に物価が下がっている状態（＝お金の価値が上がっている状態）なので、1社だけが商品を値下げしただけでは、「デフレ」とはいいません。

　また、新しい技術が開発されて生産コストがガツンと下がったときなどは、多少値段を下げても、その会社の利益は減りませんね。

　たとえば、同じコストで今までの2倍生産できるようになったとすると、値段を10％下げたとしても利益は増えるのです。世の中全体的にこのような値下げが起きたとしたら、「デフレ」になります。でも、前向きな理由で値段を下げるのは、経済にとって悪いことではありません。

第 9 話のポイント

● 物価が上がっているか、下がっているかは、多くの商品の値段の変化を見て判断される。

● 景気が良くなる→人件費が上がる→商品の値段を上げる→物価が上がる、という流れで物価が上がる。

● 物価が上がり続けると、お金の価値が下がる。給料は実質下がり、過去に蓄えた貯金の価値も減る。

● インフレが起きると、お金の価値が安定せず、人々がお金を信用しなくなる。

● 物価が下がり続けると、企業の利益が減り、景気が悪くなる。

● デフレが起きると、お金を稼ぐのがより大変になる。

● 物価が安定しないと、国民は安心して生活できなくなる。

第7章

日本は借金大国って本当？

国債の話

国の収入は54兆円なのに借金は1000兆円！

日本政府は、「借金が多い」ってよく聞くけど、大丈夫なのかなぁ？

　政府の借金のレベルで考えると、日本は先進国（OECD加盟国）の中で、ダントツで"ヤバい状態"です。
　日本政府の収入（税収）は、54兆円くらいです。そんな日本政府は約1000兆円の借金をしています。

なんかよくわからない。
それって、どのくらいヤバいの？

　「兆」で話していると訳がわからないので、縮尺を変えて「万」で考えましょう。
　アルバイトをしている学生のA君を考えます。A君は学生ですが、家族の面倒を見ています。アルバイトなので、A君の年収は54万円程度しかありません。しかし、家族を養うためにいろいろお金がかかっています。

- 医療費や、おじいちゃん・おばあちゃんの介護などに毎年30万円かかっています（社会保障費）
- 地方にいる兄弟のために仕送りを毎年16万円しています（地方交付税）
- 過去の借金の返済・利払いに毎年23万円（国債費）

　合計すると、年間96万円必要です。収入だけでは足りないので、毎年新しく借金をしています。

　その結果、積み上がった借金は1000万円です。

　さて、もしみなさんがこのA君だったら、借金をどうやって減らしていくでしょうか？

....

　現実的に考えると、かなり厳しいですね。年収の半分（27万円）を返済に充てても約40年間かかります（借金の利子を考えると、もっと時間がかかります）。

　年収の半分を返済に当てるということは、もちろん「追加で借金をせずに」です。ということは、これまで年間96万円使ってきたのを、これからは約4分の1の27万円にしなければいけないということです。これは相当な削減です。そしてそれを40年間続けなければいけないんです。

　日本政府の借金はそれほど莫大なものなのです。

国の借金って何？

まず「国の借金とは何か？」「国は何のために借金をするのか？」を理解しなければいけません。そしてそのために、まず政府が何をしているのかを整理しておきます。

 政府って何をしているの？

「政府がお金を使う」という視点で考えると、政府の役割は大きく分けて2つあります。

1つは何度も出てきている「財政政策」です。国の景気を「いい状態」にコントロールすることです。世の中で「仕事」が不足して、失業率が高まっているとき、政府が「需要」をつくって、仕事を発生させるのです。政府がお金を使えば、政府から仕事を受注した人たちが潤い、労働者をもっと雇おうとします。その結果、日本の景気が良くなるという筋書きです。これが「財政政策」でしたね。

もう1つは、「財政支出」です。これは「年金や健康保険、国民が生活しやすい環境を整えること」です。景気対策と違って、「必要だから実施する」という意味合いが強いです。

じつは政府が使うお金で多いのは、財政政策ではなく、こちらの「財政支出」です。これが財政を圧迫していますし、これからも非常に深刻な悩みの種になっていきます。

> なんで？

　それは単純に言うと、この財政支出の金額が増えすぎているから、かつ削減しようと思ってもなかなかできないからです。

　年金・医療保険でいうと、最近は集める保険料以上に、医療費がかさみ、また年金もたくさん払っています。要するに「赤字」が続いているわけです。本来は年金も医療保険も「予算の範囲内」でやりくりしなければいけません。でも、それができず、政府が足りない分を補助しているんです。

> まずいじゃん。赤字は良くないよ

　それはその通りですね。ただし、だからといって支払いをやめると、年金は支払われなくなり、健康保険もきかなくなります。仮に健康保険がなくなったら、病院の窓口で今の3倍以上お金がかかります。お金がなければ医者にかかれない、という状況になりかねません。

　これでは国民の生活が不安定になってしまいますね。そのため、政府がお金を出して「赤字分」を埋め合わせするのです。

結局、政府がお金を出して「やりくり」を助けているんでしょ？
財政政策と財政支出は同じことじゃない？

　財政支出も政府がお金を出していることには変わりありません。しかし、景気を良くするために行っているのではありません。むしろ「最低限の生活を守るためにやっている」「やらなければいけないことをやっている」という性格のものなのです。

　一言で、「政府がお金を使っている」と表現してしまうと、何に使っているのかわからなくなります。また、「政府の借金が増えている？　だったら政府がお金を使わなければいい！」という発想にもなりがちです。

　たしかに、借金が膨らんでいる中でバラマキの景気対策をするのは、ナンセンスです。借金が増えているんだから、財政政策はやめよう、少しくらい景気が悪くてもガマンしようと考えるのは自然な発想です。

　しかし、政府がお金を使わなければ、年金や健康保険も破たんしてしまいます。現在、日本国民が「当然の制度」と思っているものまで、見直しが必要になるのです。

　だから、「財政政策」と「財政支出」の2種類あることを知り、それらを区別して考えることが大事なのです。

日本政府は、あなたからお金を借りている

ところで、日本政府は、誰からお金を借りているの？ 日銀からかな？

じつは、「日本国民から」です。日本政府は、ぼくたち日本国民からお金を借りているのです。突然ですが、みなさんは自分のお金を国に貸していることをご存知ですか？

といっても、日本政府にお金を貸した覚えなんてない！という方がほとんどでしょう。でも、貸しているんです。

いやいや、貸した覚えなんかないよ

そうでしょうね。「貸した覚え」はないと思います。でも貸しているのです。もちろん合法的に、です。ただし、みなさんが知らないところで貸し出されています。

どういうこと？ 国にお金を盗まれているってこと？？

そうではありません。結論から言いますと「銀行がみなさんの預金で、国債を買っている」、つまり、銀行がみなさんから預かったお金（預金）を国に貸しているんです。

この仕組みを理解するために、まず「国債とは何か？」か

ら考えてみましょう。

国債とは、国（政府）が発行する「債券」のことです。債券とは、簡単に言うと「借金の証書」のことです。

たとえば、「Ａさんが発行した100万円の債券」を持っている人は、「Ａさんに100万円貸している」ということで、特定の期日にＡさんから100万円を受け取る権利があります。

反対に、債券を売ったＡさんは、その「期日」に、債券を持っている人に対してお金を返さなければいけません。

なるほど、借金と変わらないね

大まかに考えると借金と一緒です。ただ、借金と違って、債券は「売買」ができます。国債を持っている人は、期日が来る前に、別の人に売ることもできるのです。借金は「お金を貸した人」に返すのに対して、債券は「そのときに、その債券を持っている人にお金を渡す」という違いがあります。これが「債券」です。

で、なんだっけ？

国（政府）が発行する債券を「国債」と呼びますが、ぼくたちが銀行に預けた預金は、知らない間に、国債を買う資金に充てられているのです。つまり、ぼくたちの銀行預金が、

政府に貸し出されているわけです。だから、さきほど申し上げたように、国にお金を貸していることになるのです。

へぇ～、そうなんだね。知らなかった。
でも、預金はいつでも引き出せるから問題ないよ

　そうですね。今のところは問題ないです。しかし、今後もまったく問題ないかというと、そうでもなさそうです。国に貸したお金が返ってこない可能性も考えておかなければいけません。

貸したお金が返ってこない可能性も

国に貸したお金が返ってこないの!?

それが次の問題です。国は、借りたお金を返せなくなるかもしれません。国が国民から借りたお金を返せないということは、貸した国民がそのお金を受け取れないということです。今のところ、借金の期日を迎えていないので、問題が表面化していません。でも、これからこの問題が表に出てくる可能性があります

なんで?

そろそろ国に貸し出すお金がなくなってきているからです。ぼくたちが銀行や生命保険に「預けている」お金が国に貸し出されていました。ただ、もうそのお金も底をつき始めています。

もう全部使っちゃったってこと!?

ぼくたちが持っているお金のうち、いずれ住宅ローンなどで支払わなければいけない分を差し引いたものを「純金融資産」といいます。純粋に自分が使える資産ということですね。

そして、日本国民の「純金融資産」と、日本国政府の借金総額が、ほぼ等しくなっています。

　つまり、日本国政府は、日本国民からお金を借りたくても、これ以上、借りられなくなるのです。国は借金をしながら、そのお金で過去の借金返済もしています。ということは、新しく借金ができなければ、過去の借金返済もできなくなるわけです。これは大変なことです。

でも、日本人はたくさん貯金するから、すぐお金貯まるでしょ

　ぼくたちは「日本人は貯金するのが好き」と教えられてきました。「コツコツ貯める」ということは素晴らしいことだという風潮もありますね。
　たしかに、これまで日本人は外国と比べて貯金する割合が高かったです。でもそれはすでに変わっているんです。

え！　日本人はアメリカ人よりもまじめに貯金してるんじゃないの！？

　どちらがまじめかは置いておいて、「どれだけ貯金しているか」を考えると、日本はアメリカに負けています。さらに、政府の発表によると、2013年度は貯蓄率がマイナスになったようです。

家計貯蓄率の国際比較

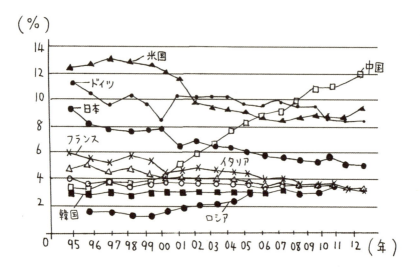

 貯蓄率がマイナスってどういうこと？

「稼ぐ以上に使い、貯金を切り崩している」ということです。収入が減って生活が苦しくなっていること、また高齢化が進んだことが影響しています。

歳をとって仕事を引退したら、収入が減りますね。でもお金は変わらず使います。むしろ若いときよりも消費金額は増えるでしょう。そのため、貯金を切り崩して生活するわけです。

これ自体は特別にみじめなことではなく、当たり前のことです。仕事ができなくなれば収入がなくなり、貯金を切り崩して生活するのが当たり前です。ただ、高齢化社会になると、多くの人が貯金を切り崩して生活するようになるんです。

あ、銀行預金がどんどん減っていくことになるね

そうなんです。これまで、銀行が預金者から集めたお金で国債を買っていました。でもこれからは、銀行からそのお金がなくなります。だとすると、銀行はもう国債を買えなくなっちゃうんです。

これからは外国から
借金しなければいけないかも

> だとすると、どうなっちゃうの？

　日本国民から借りられなければ、その分を外国から借りることになります。

> なんだ、だったら大丈夫だね

　いえ、そうではありません。「日本国民からお金を借りる」のと「外国からお金を借りる」のは、かなり意味が変わります。

　というのは、日本国民は、それほど「利回り」を気にしていないからです。さらに、それほど「お金を返してもらえないリスク」について考えていないからです。

　ながらくゼロ金利になれてしまっていますので、金利が1％でもつけば、「超優良投資」に見えてしまいます。また、自国の国債という安心感もあって、国に貸した借金が返ってこないという事態（それを「デフォルト」といいます）を、ほとんど想定していません。

　ところが、外国に国債を買ってもらおうとすると、そうはいきません。"外国人にとって日本国債を買う"という投資

が、他の投資に比べてメリットがあるかどうか、厳しく吟味されます。また、「日本政府に貸したお金は返ってこないかも」と考える人は、「そんな危なっかしい投資なんだから、余計に金利を払ってくれないと国債は買わない」と言うでしょう。

結果として、同じ金額の国債を買ってもらう場合でも、日本国民に売るケースより、外国に買ってもらうときの方が金利を高く設定しなければいけないのです。

金利を高くしなければいけない、って結局どういうこと？？

「国債を売る」ということを考えると、「金利が高い」＝「利子を多くつけて返済しなければいけない」ということです。金利が1％で100万円を借りれば利子は1万円、金利が5％だったら、利子は5万円です。

そっか。でもそんなに大した金額ではなさそうだね。国が払う額としては小さいし

いえ、そんなこともありません。現在、すでに国債の利子を払うために毎年10兆円、かかっています。

2015年時点で考えると、国債金利が1％上がったら、さらに2.4兆円も多く利子を支払わなければいけなくなります。

政府の税収が50兆円程度ということを考えると、むしろかなり大きい金額ですね。

　利子率が上がるということは、それだけで国家財政が破たんしかねない一大事なんです。

国債の金利が国民の生活に直結している

　さらに、国債の金利が上がって困ることはそれだけではありません。

まだ悪いことがあるの？

　もし国債の金利が上がったら、それにつられて住宅ローン金利や企業が銀行から借りる金利など、その他の金利も上がっていくのです。

なんで!?　国債と関係ないじゃん！

　それは、お金を貸す人たちが、より条件がいい方に貸そうとするからです。日本人の預金が知らない間に国債にまわっているという説明をしました。

　でも、もし「国債を買えば金利が5％、銀行に預けたら金利が0.1％」という状況になったら、どうしますか？「じゃあ国債を買った方が得だ！」と感じ、多くの人が銀行から預金を引き出して、国債を買おうとするでしょう。

　となると、銀行は預金を集められなくなってしまうのです。銀行が預金を集めるためには、国債と同等以上の条件を提示する必要があります。つまり、預金金利を引き上げなければいけないのです。

同じように、金融機関が手持ちの資金を運用する場合、「国債を買うのと、企業に融資するのと、どっちが利益が大きいだろうか？」と考えるようになります。そして、より儲かる方にお金を貸すようになります。企業が銀行からお金を借りたければ、国債と同等以上の金利を支払わなければいけないでしょう。

　その結果として、国債以外の金利も国債と同じレベルまで上がっていくのです。なお、この「どっちが得か？　得な方を選ぼう！」とみんなが考えるようになることを「裁定がはたらく」といいます。

でもさ、銀行預金の金利が上がるのは、うれしいよね

　銀行預金の金利が上がるということは、銀行が貸し出すお金の金利も上がるということです。つまり、住宅ローン金利、自動車ローン金利、また企業が銀行から借りるときの金利も高くなります。となると、会社はお金を借りづらくなり、経済は低迷します。

　預金を預ける消費者としてはうれしいですが、ぼくらは企業に勤める労働者でもあります。結局、いいことだけではないんですね。

国債の金利が上がると、
企業が倒産しちゃう!?

　今まで日本政府は、日本の金融機関を通じて、日本国民のお金を借りていました。しかし、もうそれも限界に近づいています。これ以上日本国民からお金を借りることができない、というときが迫っています。

その結果、外国に買ってもらうしかなくなって、国債の金利が上がって、その他の金利も上がっちゃうんだったね。

　その通りです。しかし、問題はそれだけでは終わりません。国債の金利が上がると、国債の値段自体が下がるのです。そして、国債の値段が下がってしまうと、国債を持っている金融機関が「含み損」を抱えてしまうことになります。

ん？　どういうこと??

　順番に説明しましょう。まず、「金利が上がると、国債の値段が下がる」という話からです。国債を含む「債券」の値段と、その金利の関係について説明します。
　まず、債券（国債も）は、「この紙切れを持っている人に、〇〇年後に××円渡します」という約束書です。

つまり、規定の日に規定の金額が受け取れるわけで、受け取れる金額は「固定」なんです。

一方で、その債券（国債）をいくらで買うかは、その時々で変わります。債券に人気があれば、値段は高くなりますし、人気がなくなれば安くなります。いくらで買うかは「変動」するんです。

で？　それと金利はどう関係するの？

金利（利回り）は、「1年あたりの利子÷元本」で計算できます。そして、「利子」とは、要するにその債券を買ったらもらえる「儲け」のことです。ということは、国債を安く買えば買うほど、利子（儲け）が多くなる、ということです。

債券（国債も同様）の場合、戻ってくるお金（売る値段）は同じです。でも「買う値段」は違います。安く買えば、儲けが大きくなるので「利回り」が高くなります（B）。逆に高く買えば利回りが低くなります（A）。

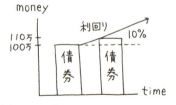
A）将来110万円受け取れる債券を100万円で買う
→　利回り10％

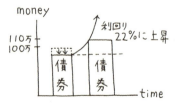
B）将来110万円受け取れる債券を90万円で買う
→　利回り22％

> つまり、国債の値段と、利回りは連動しているってこと？

　その通りです。今は国債（債券）の値段が変わると、利回りが変わるという説明をしましたが、じつはその逆も成り立ちます。利回りが変わると、国債の値段が変わるのです。

　たとえば、世間の金利が上がったとします。そうすると、銀行預金の金利も上がりますね。国債の利回りが変わらなければ、誰も国債を買ってくれません。少なくとも「銀行預金と同じ」くらいまでは条件をよくしないと国債を買ってもらえないのです。

　ただし、国債（債券）の場合、「条件」は売り出し金額を変えることで調整されます。つまり、売り出し価格を下げるのです。「国債の値段を下げないと、買ってもらえなくなる」ということです。すなわち、世の中の金利が上がると、国債の値段が下がることになるんですね。

　結果として、「金利が上がる＝国債の値段が下がる」と連動することになるのです。

国債の値段が下がると、こうなっちゃう!!

金利が上がると、国債の値段が下がるのは、わかった。でも、それが問題なの？

　じつは、大きな問題なんです。
　ぼくたちの預金が金融機関を通じて、国債にまわっているという話をしましたね。つまり、金融機関がぼくたちの預金で国債を大量に買い込んでいます。

だから？

　もし、国債の値段が下がったらどうなるでしょう？　これから買うものの値段が下がれば、「安く買える」だけです。でも、持っているものの価値が下がったら、その分「損」をすることになります。国債を大量に持っている銀行は、損（含み損）を抱えてしまうのです。

で？

　銀行が損を抱えてしまうと、それ以上損を出さないように、少しでも危ない企業へはお金を貸さなくなります。いわゆる「貸し渋り」が起こるわけです。また現在貸していても、

「おたくは倒産する可能性がゼロじゃないから貸したお金を返してください」といって資金を回収し始めます（これを「貸しはがし」といいます）。

　当たり前ですが、企業が銀行から融資を受けるのは、そのお金がビジネスに必要だからです。その必要なお金を貸してもらえない、もしくは「返せ」と言われてしまっては、企業はビジネスを続けられなくなります。
　そういう状況になると、多くの会社がつぶれてしまうのです。
　2008年にリーマン・ショックが起きた時には、このような貸し渋り、貸しはがしがたくさん起き、そして企業の倒産が増えました。
　企業の倒産が増えれば、当然失業率は上がり、日本経済は景気が悪くなります。それが問題なのです。
　もともとは、日本政府の借金の話でしたが、さまざまな要素を通じて、ぼくたちの生活にも直接影響を及ぼすのです。

日本国債が危険視されている！

　2014年末、アメリカの格付け機関「ムーディーズ」が、日本の国債の格付けを下げるという発表をしました。年末の衆議院選挙と重なり、あまり大きく取り上げられませんでしたが、とても衝撃的なことです。

ふーん。「格付けが下がる」って、そんなに大変なことなの？

　国債の格付けは、「その国債が無事に償還できるか？（その国の借金は、無事に返済できるか？）」を表しています。国債は、"借金の証書"と一緒で、その国債を持っている人が期日になると国からお金を受け取れる（国からお金を返してもらえる）のです。
　でも、もしその期日になって、国が「お金払えませ～ん」となったら、どうします？　期日になってもお金が返せなくなった状況です。
　いくら"国"でも無尽蔵に借金を返済できるわけではありません。返せなくなることがあるんです。国が借金を返せなくなることを、「デフォルト」といいます。

　で、格付けが高ければ「その国債を買っても問題なし！」、格付けが低いと「その国債を持っていたら、お金返ってこな

いかもよ？」という意味なんです。

　日本の国債は、格付けを下げられてしまいました。それは「日本国に貸したお金が返ってこなくなる危険性が少し高まった」という意味です。

なんで格付けが下がっちゃったの？

　それは簡単に言うと、「これからも借金が増え続けるだろうな」と思われたからです。借金が増えるには理由が2つあります。1つは、これからもたくさんお金がかかるだろうと予測されたこと。日本は「これからも景気対策や社会保障（年金・医療など）を維持するために、お金がかかるだろう」って思われています。

　経済の実力が高まって、国がお金を使わなくても景気がどんどん良くなれば、国の借金も減っていきます（少なくとも増えはしません）。でも、「それも無理じゃない？　引き続き、国のお金が必要になるんじゃない？」って思われているわけです。

うん、たしかにそうかも。2つめの理由は？

　2つめは、「税収が増えないこと」です。1つ、大きなポイントになったのが「消費税増税が先送りになったこと」です。もともと消費税は2015年秋に10％に引き上げられる予

定でした。でも、この引き上げが「延期」されることになりました。その状況を見て、ムーディーズが「これは、税収が増えないな。日本は借金を返せない可能性が高くなったな」と判断したんです。

　次にこの項目を解説します。

第 10 話のポイント

- 国の借金は約 1000 兆円。国の"収入"は約 50 兆円。これは年収 50 万円のアルバイトの人が 1000 万円を借りているのと同じレベル。

- 政府は国の景気をコントロールするための「財政政策」と国民が生活しやすい環境を整えるための「財政支出」にお金を使っている。

- 国債の金利が上がると、住宅ローンや企業が銀行から借りる金利も上がる。

- 国債の金利が上がると、国債の値段が下がり、損を抱えた銀行は企業に対して「貸し渋り」や「貸しはがし」を行う。

- 2014 年末、日本の国債が格下げされた。これはこの先も「借金が増え続けること」「税収が増えない」ことが理由。

第11話
税金と社会保障の話

なんで消費税を上げるの？

　2014年春に消費税を8％に引き上げた結果、景気がひどく落ち込みました。そのため、「10％にするのを予定より1年半遅らせて、2017年春にしよう」という話になりました。さきほど説明したムーディーズが日本国債の格下げをしたのは、この消費税増税先送りが大きなポイントになったようです。

消費税10％にすれば、
日本の借金は問題なかったの？

　消費税を10％に引き上げたら問題なくなるかというと、そうではありません。消費税を1％上げると、税収が2兆円程度増えます。今の日本の借金累計（1000兆円）を考えたら、8％から10％に引き上げて、年間4兆円増えても、日本政府のお財布事情にはそれほど大した影響がありません。
　問題なのは、政府の借金を減らす道筋が見えなくなっていることです。具体的なプランが先送りされてしまったので、「ほんとに大丈夫？？　不安だなぁ」と思われて、格下げされたということです。

第 7 章 | 日本は借金大国って本当？

でさ、結局消費税は何％にすればいいの？

　それは消費税を何の目的で徴収するかによって変わります。2014年に5％から8％に引き上げたとき、消費税を増税する目的は「社会福祉の財源にするため」と説明されました。そして仮に約束通り、全部社会保障に使われるとしましょう。

　しかし、だとしてもまだまだ全然足りません。たとえば、2017年度には、社会保障にかかるお金が44.5兆円と見込まれています。いろいろ節約しても44.5兆円かかるという試算です。それに対し、消費税で集められるお金は約25兆円という予想。19兆円強、足りないんです。

もっと消費税を上げないといけないってこと？

　この足りない分を単純に消費税で換算すると7％程度です。いろいろ節約してもまだ7％分足りません。専門家の間では、「消費税は25％程度にしなければいけない」という指摘もあります。

っていうか、なんで消費税でまかなうの？ 法人税とか、所得税とかから出せばいいじゃん

そう感じる方は多いですね。消費税は、収入に関わらず"平等"にかかる税金です。お金持ちも、お金に余裕がない人もみんな同じように払います。もっとお金持ちから税金を取ればいい、という意見も多くあります。

しかし、みんなで同じように負担するからこそ、社会保障にふさわしいという考えで、消費税が財源になっています。社会保障は、誰もが恩恵を受ける、とても重要な制度です。みんなが恩恵を受けるから、みんなでその財源を負担しようという考えです。

また、消費税の収入は、法人税や所得税と比べて、景気に左右されずに安定しています。食費や医療費などの生活必需品にかかっているので、景気がいいときも悪いときも同じくらいずつ税金を集められるんですね。毎年安定してお金を集められるというのも、社会保障の財源として適している要素です。

うーん、でもやっぱり高くなるのは嫌だなぁ。消費税が10％以上になったら景気がすごく悪くなっちゃうと思うよ

たしかに、消費税が上がると、商品が値上げされたのと同じことになり、買え控えが起こります。税金は高いより安い方がいいに決まっています。

でも、世界的に見ると、各国とももっともっと高い消費税

（外国では「付加価値税」と呼ばれています）で経済を運営しています。グラフを見ると、消費税率10〜20％台の国が多く、日本はずば抜けて低いということがわかりますね。こう考えると、将来的にもっと高くなっていきそうです。

消費税の国際比較

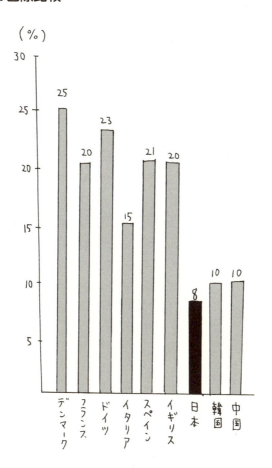

何に税金を使っているの？

　第3章でもお伝えしましたが、道路や橋などの建設物を造る「公共事業」はどんどん減っています。民間の業者に仕事を与えるために行う財政政策は減っているのです。

　そしてその代わりに、国がどんなものにお金を使っているか？　それは「財政支出」です。

「財政支出」って何だっけ？

　「財政支出」とは、国民の生活を維持するために、政府が使うお金のことで、年金や医療保険、教育費や防衛費などがここに該当します。財政政策が「景気を良くするため」に使うお金で、「生活水準をよりよくするために使うお金」だったのに対し、財政支出は、「必要だから使う」という性格が強いです。現在、日本の政府はこれに多額のお金を使っているのです。

必要な分は使わないとね

　ただし現在、日本政府のお金の使い道のうち、多くの割合が「財政支出」に向けられています。新聞やテレビのニュースでは「また政府がバラマキ型の景気対策（財政政策）をやって無駄遣いした！」とよく批判が起こります。しかし、

じつは日本政府の借金を増やしているのは、こちらの財政支出なんです。

104ページでも見たように、日本政府のお金の使い道(「歳出」といいます)の内訳では、公共事業は約6％で、年金や医療保険(健康保険)に多額のお金が支払われています。

年金とか医療保険って、国がお金払うものなの？

本来は違います。年金も医療保険も、国民から集めた「掛け金」を使って運営されています。みんなからお金を集めて、それを必要な人に必要なときに支払うのが年金・医療保険なんです。

しかし、最近は、集められる掛け金よりも、支払わなければいけない金額の方が多く、「赤字」が続いています。その赤字を埋めるために、政府がお金を出しているのです。

自分が国にいくら払っているか知っていますか？

　現時点で、医療保険や年金などは財源がまったく足りていません。政府も足りない分を補てんしていますが、無限に補い続けられるわけではありません。ということは、これから医療保険・年金の保険料が上がっていくことが予想されます。

……っていうか、今自分がいくら負担しているのか、よくわからないけど

　そうですね。普段はあまり意識しないと思います。
　新卒大学生の初任給が20万円だとして、税金や社会保障費はいくら払っているでしょうか？
　サラリーマンであれば、税金は給料から天引きされるので、実際に税務署の窓口で現金を支払ったりしません。そのため、どんな名目でいくら税金を支払っているかあまり意識していない人が多いように感じます。「オレはそんな細かいこと気にしないぜ」とか言わずに、大切なことなのでちゃんと確認しましょう。
　また国の経済がどのように成り立っているかを把握するのに必要なので、改めて整理していきます。

　まず、給料から天引きされるものは、いろいろ種類があっ

て、所得税、住民税があり、その他にも厚生年金保険料、健康保険料、雇用保険料があります。これらの「保険料」は税金と名前はついていませんが、半強制で徴収されて、政府組織がそのお金を使うという意味では税金と一緒です。

　そして、それぞれ毎月どれくらい払っているかというと、以下の金額が給料から天引きされます。

健康保険料	9,970円
厚生年金保険料	17,474円
雇用保険料	1,000円
所得税	6,250円

　ざっと３万4694円が引かれています。つまり給与のうち、14％は使えないというわけです。

　さらに、可処分所得の約16万5306円を使おうとすると、ご存知の通り消費税８％がかかります。つまり、16万5306円の８％にあたる１万3224円は消費税として国に持っていかれます。

　そして、たばこを吸ったり、お酒を飲めば、さらにたばこ

税と酒税などの税金を払わなければなりません。車やバイクに乗るなら、もちろん車両税がかかるわけです。

　つまりぼくたちは、ものを食べたり、一休みしたり、気晴らしにドライブに行くたびに税金を収めているというわけです。改めて意識してみると、かなり大きい金額を税金として支払っていることになりますね。

　政府が赤字を無条件で埋め合わせるのも問題ですが、それを国民の負担で埋めようとすると、さらに税金が高くなります。国民の生活に密接している分野なので「非常に難しい話」なのです。

第11話のポイント

●社会保障は誰もが恩恵を受ける制度であり、みんなで同じように負担すべきという考えから、「消費税」が財源となっている。

●世界の先進国の消費税（付加価値税）は、10〜20%台が多く、日本はずば抜けて低い。

●政府の歳出の内訳は、年金や医療保険をはじめとする社会保障費の割合が多くを占めているが、現在は財源が足りず、今後は保険料が上がっていく可能性が高い。

第 8 章

これから必要な
お金の知識って？

第12話

格差と投資の話

景気が良くなっても、給料は上がらないって本当？

　景気は悪いより、良い方がいいに決まっています。なので、国民も政府に景気対策を期待するわけです。

　ただし、注意しなければならないのが、景気が良くなったからといって、サラリーマンの給料が増えるとは限らない、ということです。多くの人が、好景気になって企業がもっと儲かれば、それだけ労働者の給料も上がる、と考えています。しかし、そうではありません。また、そもそも最近は「給料が右肩上がり」にならないことが普通になっています。

　データだけを見ると、2002年〜2008年までの6年間は、景気は拡大していました。新聞やテレビでは、「歴史的な景気拡大」と騒がれ、1965年〜1970年まで続いた高度成長時代の「いざなぎ景気」を抜く好景気として、「いざなぎ超え」とも言われていました。

　しかし、思い返してみると、この期間にサラリーマンの給料は上がっていませんでした。サラリーマンの給料は1997年をピークに下がっています。

日本人の平均年収の推移

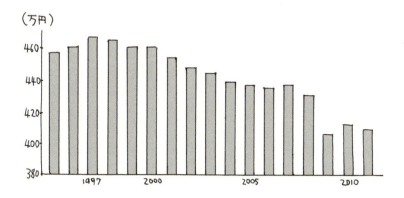

　統計上は、景気は確かに改善していました。マスコミが嘘をついていたわけではなく、実際に景気は良くなっていました。しかし国民の給料は上がらず、生活レベルは相変わらず厳しい状態だったのです。

　このように、2008年の2月までの「景気拡大」は、景気が良くなっているのに国民の生活レベルが変わらない状態（「実感なき景気拡大」と言います）でした。でもこれが「たまたま」なのかというと、そうではありません。

　儲かる企業とそうでない企業、稼ぐ人とそうでない人の差が明確になってきているからです。かつては、横並びで、「平等」な社会でしたが、今は経済がグローバル化し、競争がどんどん激しくなっています。そのため、二極化が進んでいるんですね。

よく二極化っていわれるけど、イメージがわかないんだよなぁ

　二極化の顕著な例が「非正規社員と正社員」です。非正規雇用（パート、アルバイト、派遣、契約社員など）の割合はどんどん高まっています。30年前、全体の中で非正規雇用の比率は15.3％でした。でも、2013年には36.7％まで上がっています。非正規雇用はこれからもどんどん増えそうです。

正規雇用と非正規雇用労働者の推移

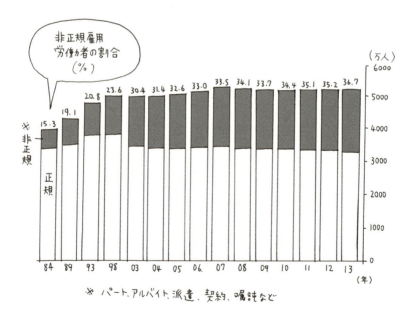

これから必要なお金の知識って？ | 第 8 章

なんで、非正規雇用が増えているの？

　それは、企業がコストダウンするためです。ここでの一番のポイントは、正規雇用よりも非正規雇用の方が給料が安い、ということです。全体で見ると、平均給料はこれほど違います。

雇用形態・性別平均賃金

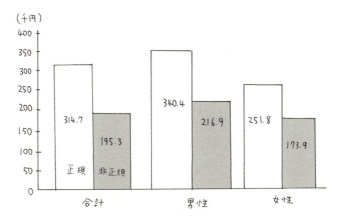

　良いか悪いかは別として、企業は人件費を含むすべてのコストを低く抑えて、消費者に「安くていいもの」を提供しています。そうしないと生き残っていけません。人件費の"コストダウン"については賛否両論ありますが、企業が生き残るための1つの手段であることは間違いありません。
　また、日本では、なかなか正社員を解雇することができま

せん。「実質的に無理」と言っても過言ではありません。となると、「仕事があるときにたくさん社員を雇って、仕事が減ったら解雇する」という雇い方ができなくなります。一方で、非正規雇用はもともと「非正規」なので、忙しいときにだけ雇うことができます。

だから、非正規雇用で雇いたいと感じる企業も多く、これからますます増えていくと考えられます。

 うん……なんか暗くなる話だね……

たしかに、厳しい世の中になっていくでしょう。でも、だからといって、世間や政治に文句を言っていても始まりません。自分たちができることを着々と行っていくことが、唯一の解決策だと思います。

| これから必要なお金の知識って？ | 第 8 章 |

将来のために月々3万円貯金する？

もういいや、小難しいことは考えず、老後のために貯金する！

　そう思っている人もいるかもしれません。特に最近、20代の人の貯金志向が強くなっているようです。「老後が不安」と口にする人が多いそうです。たしかに、お金を管理し、無駄なことにお金を使わないことは大事かもしれません。しかし、盲目的に貯金をしてもあまり意味がありません。

なに言ってんの？　貯金が意味ないわけないでしょ？

　では、将来のためを思って全力で貯金した結果、どうなるかシミュレーションしてみますね。20歳のAさんが、1カ月3万円ずつ節約し、貯金しました。

　ひと月3万円を切り詰めるのは、簡単ではありません。いろいろなことを我慢しなければいけません。ストレスもたまっていくでしょう。しかし、Aさんは根気強く貯金を続け、なんと30年間、休むことなく月3万円を貯金し続けました。

　50歳になったAさんは、今までの苦労を振り返りつつ、通帳を開きます。そこには今まで苦労して貯めてきた残高が書かれていました。

その30年間の努力の結果は……、たったの1080万円です。30年間まじめにコツコツ貯めて、たったの1080万円です。

　1年間に200万円ずつ使ったとしても、5年しかもちません。月々の出費を8万円ちょっとに抑えて、年間100万円しか使わなくても、10年強でなくなってしまうのです。

1000万円だって、大金でしょ？

　それはそうです。ただ、目的は達成できたのでしょうか？　それで"老後の安心"が得られるでしょうか？　答えは「No」です。

　もちろん貯金も必要で、そのために節約することも大事です。しかし、将来のためにいくら節約して貯金しても、"将来のお金の不安"がなくなることはありません。

　定年退職したときに貯金が1000万円あっても、その先の生活は不安です。ではこれが2000万円、3000万円あったら不安がなくなるかというと、そうではないんです。

　現在、定年後の夫婦2人が85歳まで生きると仮定した場合、3000万円〜3500万円程度の蓄えが必要といわれています。

ん？　じゃあ3000万円あればいいじゃん

　いえ、そうではありません。人間いつ死ぬかわかりません。

もしかしたら長生きするかもしれません。「3000万円が世間相場だから」と知っていても、通帳の残高がみるみる減ってきたら、とてつもない不安に襲われるでしょう。

じゃあ、どうすればいいのさ

　絶対的な解決策はありません。ただし、自分が働けなくなったとき、収入がなくなったときに不安にならないように、今からお金の勉強をしておくことはできます。そして自分に合った対策を練っておくことが必要です。

　そのうちの1つが、「投資」です。

投資って儲かるの？

　突然ですが、「投資」という言葉からどんなことを想像しますか？　この場合の「投資」は企業が行う投資（設備を導入したり、工場を建てること）ではなく、株を買ったり、不動産を運用したりすることです。

　投資と聞くと、「難しくて失敗する」と思う人もいるかもしれません。また反対に「働かずに金儲けできる」というイメージがある人もいると思います。どちらもある意味正しいと思いますが、1つ、多くの人が誤解していることがあります。

なに？

　それは、「投資は楽に儲かる」という認識です。「投資」と聞くと、お金が確実に儲かることをイメージするかもしれません。しかし、現実には自分のお金を投資したら、損をすることもあります。もっと言うと、損をする確率の方が高いです。もちろん、儲かることもありますが、損をする可能性は大いにあります。

　金融機関の窓口に、投資商品の案内が貼ってあって、注意書きとして「投資にはリスクがあります」と書いてあります。この場合「リスクがある」というのは、元手が減るかもしれないという意味ですが、ここに大きな落とし穴があります。

> え？　何なに？　詐欺とか！？

　そうではありません。「元手が減るかもしれない」という表現が誤解を招くのです。「減るかもしれない」ではなく、「もしかしたら元本が増えるかもしれない」と理解した方が現実に近いです。「減るかもしれない」というのは、「普通は増える」という認識が根底にあります。しかし、実際はそうではありません。損をしている人が大勢いるのです。

　特に株式投資など、買った値段より高く売ることで利益を狙う場合には、自分が得をしたら、他の誰かが必ず損をしています。自分が「安く買って、高く売れた」ということは、「安く売っちゃった人」と「高く買っちゃった人」がいるということですね。

　なので、全体で見ると「プラスマイナス・ゼロ」なんです（これを「ゼロ・サム」と言ったりします）。要するに、１円得をする人がいれば、必ず１円損をする人がいる。どこかの会社に投資して、その会社が将来的に成長し、大企業になったところで株を売る、という「育てる投資」の場合は違いますが、デイトレードなど短期的に利益を求める場合には、常に、負ける可能性があるということを認識しておかなければなりません。

　ちなみに、売買することで儲かる利益のことを「キャピタルゲイン」といいます。

ローリスク・ハイリターンの投資をする？

　投資をする際に、重要なキーワードとして「リスク」と「リターン」があります。リスクは「損をする可能性」、リターンは「儲かる可能性」のことですね。

　大雑把に分けると、「ハイリスク（損をする可能性が高い）」の投資、「ローリスク（低い）」の投資、「ハイリターン（儲かる可能性が高い）」の投資、「ローリターン（低い）」の投資があります。ただし、このリスクとリターンは常に表裏一体で、基本的に「ハイリターンの投資は、ハイリスク」、「ローリターンの投資は、ローリスク」になります。投資家が希望するのは、「ローリスク・ハイリターンの投資（損をするリスクが少なくて、たくさん儲かりそうな投資）」ですね。でも、基本的にそのような投資案件はないと思った方がいいです。

なんで？？　そういうルールなの？

　みんな経済原則に照らし合わせると、「ローリスク・ハイリターン」という状態は「通常ではない状態」なんです。

　どういうことか説明しますね。仮に「ローリスク・ハイリターン」の投資案件が生まれたとしましょう。そうすると、みんなその案件に投資したがります。

第 8 章 | これから必要なお金の知識って？

うん、そうだね

　そうするとどうなるか？　ライバルが増えるんです。ライバル同士でリターンを奪い合うので、結果的に分け前が減ってしまう。だから、最初は「ローリスク・ハイリターン」でも、やがて「ローリスク・ローリターン」になってしまうのです。
　そもそも「投資」は最終的に何らかの商売につながっています。つまり商品やサービスを消費者に買ってもらうビジネスがあって、そのビジネスに関連したものにお金を「投資する」んです。株の投資もそうですし、不動産の投資もそうです。

ん？　どういうこと？

　株でいえば、その会社が売っている商品がヒットして、儲かりそうだから、その会社の株を買うわけですし、不動産投資も、その建物や土地を買ったら、そこで何かのビジネスができて、商品を売ったりサービスを提供できたりする。その商品やサービスが儲かりそうだから、その建物・土地を持っていた方がいい、だから建物・土地に投資をしよう、ということになるんです。
　ということは、投資したい人が増えると、最終的に提供す

る商品・サービスの量が増えるということになりますね。アパート経営が儲かるのであれば、アパートの大家さんになろうとする人が増え、アパート自体が増えます。そうなると、供給過剰になって、家賃が値下がりします。家賃が下がれば大家さんの利益は減って、結果的に「アパートに対する投資」はリターンが小さくなります。

　このように、みんながこぞって投資し始めると、その投資案件のリターンは減ってきます。だから仮に最初だけ「ローリスク・ハイリターン」だったとしても、それは本当に一時的なものです。

う〜ん……

　そして、「プロ」の間で投資の情報が出回るのは本当に速いですから、仮に素人が「おいしい投資案件」を見つけられたとしても、投資を実際に実行するまでに、「普通の投資」になっている可能性も十分にあります。だから「ローリスク・ハイリターン」は「ない」のです。

おいしい話はないってことか……

　このような説明をすると、「投資はしない方がいい」と言っているように聞こえるかもしれません。ですが、ぼくは投資をしてはいけないと言っているのではありません。むしろ逆

で投資は非常に重要で、これからますます重要度が上がってくると思っています。これからの時代、みんな投資をしなければならないと思っています。

ただし、お金を儲けるのは非常に大変なことです。そう簡単にうまくいきませんし、自分だけ特別に「おいしい情報」を得られるわけではありません。そう簡単に都合よく自分だけ儲かるわけではないということを、しっかりと認識したうえで投資をしてほしいのです。

ですので、冒頭に説明したように「リターンが大きくなれば、リスクも大きくなる」「リスクの小さい投資は、リターンも小さくなる」のです。「この投資は大きいリターンが見込める！」と感じたら、同時に「大きく損をする可能性もあるな」と思い直してください。そのうえで、投資をするかしないかを決めるのがいいでしょう。細かいことは忘れても、これだけ覚えておいてください。

投資にはどんなリスクがあるの？

「リスクが高い、リスクが低い」といいますが、具体的にどんなリスクがあるんでしょうか？

そんなの簡単。損をするリスクでしょ？

それでは不十分です。「損をする」というのは単なる結果で、「なぜ損をするのか」に焦点を当てないと、意味がないからです。そして、損をする原因となるリスクとしては、主に「市場リスク」「信用リスク」「流動性リスク」の3つがあります。

まず「市場リスク」ですが、これが一般的にイメージされる「リスク」です。つまり買った株の値段が下がるとか、円高になるなど、儲かると思っていたものが想定通りの値動きをせず、損をしてしまうことです。「リスクが高い」といった場合は、この市場リスクのことを指していることがほとんどです。

次に「信用リスク」を説明します。

信用リスク？　信頼を失うリスクってこと？

いえ、違います。「信用リスク」とは、簡単に言うと「相手の会社が倒産してしまって、貸したお金が戻ってこないリ

スク」です。

　安定した大企業で働いている方は、なかなかイメージするのが難しいかもしれませんが、月々の支払いができなくなって、倒産する会社はたくさんあります。日本では、じつに99％以上の会社が「中小企業」です。毎日がんばって仕事をしていますが、資金に余裕を持って経営している会社は多くありません。また上場している大企業でも、業績が悪化して倒産する企業が増えています。

　たとえば、ある会社の社長から「うちにお金を貸してくれたら、来年５％の金利を付けて返すよ」と言われたとします。銀行金利は0.1％程度ですから、５％も金利がつけば、かなりの好条件です。

　でも、この会社が倒産してしまったら元も子もありません。確かに「５％」は好条件ですし、契約上はちゃんと利子をつけて来年返してもらうことになっています。しかし、会社が倒産してしまったり、業績が悪化して払えなくなるケースもあるんです。

　いくら社長が支払う気マンマンだったとしても、「無い袖」は振れません。契約上「おいしい投資」であっても、それが裏切られる恐れもある、ということです。これが「信用リスク」です。

なるほどね……。
考えてみたらよくありそうな話だね……

最後に「流動性リスク」です。「流動性」というのは「柔軟に」とか「自由に」という意味です。なので「流動性」の「リスク」とは、「自由に○○できない恐れがある」という意味になります。では、投資において、自由にできないと困るものは何でしょう？

> うーん……

　それは、「売買」です。特に「自由に売れない」「自由に換金できない」というのは、じつは非常に厄介な問題なんです。たとえば、A社の株が値上がりすると思って買いました。でも期待通りには業績が伸びず、株は値下がりしてしまいました。

　ここであなたはどうするか？　この株を手放そうとするかもしれませんね。でも、売りたいときに売れなかったらどうでしょう？　非常に焦りますし、大変なことです。また、せっかく株が値上がりしても、値上がりしたタイミングで売れなかったら？　また値段が下がって、売りどきを逃してしまうかもしれません。

> 自由に売買・換金できないことなんてあるの？

　じつはあるんです。たとえば、規制・ルール上できない場合があります。規制・ルールがあるために自由に売買できな

これから必要なお金の知識って？ | 第 8 章

い一番身近な例は「定期預金」ですね。

　定期預金は預けている期間中、お金を引き出すことはできません。引き出すとしたら定期預金を解約するしかない。定期預金の場合はそれほど煩雑な手続きは必要ありませんが、今この瞬間お金が必要になってコンビニのATMに行っても定期預金は引き出せません。「自由」にならないのです。

　また、誰かにお金を貸している場合やあらかじめ期間が契約で決まっている投資などは、途中で「やっぱお金返して」と言っても通じません。途中で返してほしければ、当初の約束を違反した罰則として「違約金」を支払ってお金を返してもらうことになります。

　仮に年率20％の利子がつく投資案件があったとしても、投資条件が「10年」だったとしたら、それまで投資したお金は預けっぱなしになる。10年後にはたくさんの利子をつけて返してもらえますが、それまではお金は戻ってきません。途中で現金が必要になっても、10年後までは返してもらえないのです。

なるほど、そういうこともあるんだね

　また、この流動性リスクが高まる要因としては、「取引相手がいない」というケースもあります。要するに、買ってくれる相手をなかなか探せないというケースです。

　みなさんのふだんの買い物をイメージしてください。日々

の食材を買うためにスーパーやコンビニには週に何回も行きます。「取引回数」が多いわけです。

一方、不動産や自動車はそんなに頻繁に買うわけではないので、「取引回数」はかなり少なくなります。それと同じで、投資も種類や銘柄によって、頻繁に売買されるものと、売買の回数が少ないものと両方あります。

売買が少ない案件や銘柄の場合、たとえお買い得な値段で売りに出したとしても、そもそも買い手が少ないので、なかなか取引相手を見つけるのが難しい。

そうすると、売りたいときに売れない。株で考えると、安い値段で買った株が値上がりしても、売る相手がいないから結局換金できずに、絶好の売りどきを逃してしまうこともあります。

でも、自分はそんなマイナーな投資をしないから大丈夫だよ

それでも注意が必要です。たとえば、市場がパニックになったとき、どんなものであっても売れなくなる恐れはあります。

2006年にライブドア事件で堀江貴文元社長が逮捕された日、ライブドアの株主は一斉に株を売ろうとしました。だって社長が逮捕されるような事態になれば、会社の存続にもかかわり、持っている株券が単なる紙切れになる可能性だって

あるからです。

　なので、紙切れになる前にみんな売ろうと考えた。ところが、こんなときに「今が買いどき！」と思う人はいません。つまり売りたい人は大勢いても、買う人がいなかったんです。

　そのため、ライブドア株は数日間取引が成立せず、結局株価は事件前の700円から、150円程度まで一気に下落しました。この間、ほとんどの株主は売りたくても売れない状態でした。これも「流動性リスク」です。

　それまでは非常に人気が高かった株でも突然誰も買ってくれなくなる可能性もあるんです。要は、現金以外の資産は少なからず流動性リスクを抱えていて、売れなくなることもあるという認識が必要なんです。

やっぱり銀行預金の方が安全なの？

やっぱり銀行に預けておくのが一番良さそうだね。絶対減らないし

ところが、残念なことに、銀行預金も「減ります」。

そんなことないよ。一度も減ったことないし

ですが、それでもやはり減る可能性はあるんです。前にインフレのデメリットを解説しましたね。物価が上がっていくと給料もそれにつられて上がっていきます。でも、貯金は？ 物価が上がった分だけ、実質的に減ってしまいます。

たとえば、物価が2倍になったら、同じ1万円で買える商品の量が半分になりますね。ということは、銀行残高が半分になるのと同じことになるのです。

確かに、銀行に預けておけば、預金の金額自体は減りません。多少利子も付いて、若干は増えるかもしれません。しかし銀行に預けている間、金利以上に世間の物価が上がれば、実質的にお金の価値は下がり、金額が減ったことと同じになってしまうんです。

アベノミクスでは年率2％のインフレを目指しています。仮にその通りになったとしましょう。一方、銀行預金の金利

は、0.1％程度です。今持っている1万円を10年間銀行に預けておく場合と、10年後に同じ商品を買う場合を比較してみましょう。

　0.1％の金利で銀行に10年預金したら、1万100円になっています。10年間の利子は100円なんですね。一方、物価上昇率が2％だったとして、10年後に同じ商品を買ったら、1万1951円になっています。

　銀行預金をして、10年たつと、今まで買えたものが買えなくなっている。銀行預金で「減っちゃった」ことになります。繰り返しになりますが、同じ金額でも価値が下がってしまう。こう考えると、銀行預金も「安全」とは言えなくなりますね。

第12話のポイント

●投資では、常に損をする可能性を考えておくべき。

●(短期間の) 株取引では、自分が得をしたら、誰かが損をして、必ずプラスマイナス・ゼロになる。

●リターンが高ければ、リスクも高くなる。

●投資には、①「市場リスク」、②「信用リスク」、③「流動性リスク」という3つのリスクがある。

●銀行預金は「安全」のように思えるが、物価が上昇した分だけ、実際は減ってしまう。

株式投資の話

「株」って何でしょう？

　アベノミクスの影響で、2014年11月に日経平均株価は1万7459円まで上がりました。この状況を指して、「アベノミクスは成功！」と評価する人もいます。たしかに、日経平均株価が上がることはいいことですし、日経平均が上がっていれば、通常は景気がいいとも言えます。

通常は？　いつもそうじゃないの？

　日経平均が上がっている理由によります。とにかく上がっていれば良いということではありません。「なぜ日経平均が上がったのか」を理解すると、それがわかってきます。
　それを説明するために、「日経平均とは何か？」を知らなければいけません。その前に、「株価」とは何か？　そして、そもそも「株とは何か？」がわかっていなければいけません。
　まず、株とは、「その企業にお金を出資したことの証明書」です。世界で最初の株式会社は、コロンブスがつくった「東インド会社」だといわれています。そんなに前からあった制度だったんですね。そして、その株を発行して元手を集めた会社を「株式会社」といいます。

では、なぜ株式会社ができたのか？　株式会社ができる前にも会社自体はたくさん存在していたわけですから、それと同じ形態で会社を作ればよかったのでは？　と感じます。

　でもそれはできなかった。なぜかというと、社長1人のお金ではやりたい事業ができなかったからです。社長の貯金だけでは会社で必要な経費を払えなかった。裏を返すと、社長1人では到底できないような大規模の会社を作ろうとしたからです。だからたくさんの人にお金を出し合ってもらって、みんなで会社を作り、みんなで経営しようとしたわけです。

　ただし、お金は持っているけど、経営はできない、したくないという人もいて、全員が会社に出勤してくるわけではない。そうすると、誰がその会社に出資したのかをちゃんと証拠として残しておかなければいけなくなる。その「証明書」が「株」なんです。そして、株を持っている人を「株主（会社のオーナー）」と言います。

株を持っていると、どんな良いことがあるの？

　株を持っている人が、お金を出してその企業を作ったわけだから、その会社が儲かったら、当然「分け前」をもらう権利があります。その「分け前」を「配当」といいます。最初に出した出資金額に応じて、何株もらえるかが決まり、そして持っている株数に応じて「配当」がもらえます。だから、株を持っている株主は、その企業が儲かれば儲かるほど、たくさん配当をもらえることになります。

　となると、今度は「株」自体を売り買いするようになります。つまり、いい企業の株を持っているとたくさん配当がもらえるので、株主も儲かる。だから、みんな「優良企業」の株をほしがるようになります。反対にダメな企業の株は誰もほしがらなくなります。

ふーん。で、だから何？

　そうすると、どういうことが起きるかを考えてみましょう。まず、みんながほしがる「人気がある株」と、誰もほしがらない「不人気の株」に分かれるようになります。そして、通常の商品と同じように、人気があれば値段が上がり、人気がなければ値段が下がります。

　人気によって株の価格が上下するようになるのです。

もともと「株」とは、「その企業を作るために必要なお金を出した証明書」です。だから本来はこの証明書は値段がつくようなものではありません。でもそれを持っているとお金が儲かるとなった瞬間、「株」自体が取引されるようになり、値段が変動するようになりました。

株価が上がると、企業はうれしいの？

　ここまで「株」と「株価」の話をしてきました。さきほど、アベノミクスで「日経平均が上がった」という話も紹介しましたね。株を持っている人（株を買った人）は、買ったときより株価が上がれば得をします。

　では、企業にとってはどういう意味があるでしょう？

> 企業も、同じように儲かるんでしょ？
> 自分の会社の株だったら、たくさん持ってそうだし

　たしかに、企業は自社の株が値上がりしてほしいと思っています。しかしそれは、売買して儲けるためではありません。企業は、自社の株を誰かに売って、ビジネスをするための資金を調達しています。

　このときに、企業が「売る値段」は、市場で取引されている値段が基準になります。だから、株価が高いときであれば、高く売ることができます。そして、たくさんのお金を調達することができます（「資金調達」といいます）。

　反対に、株価が下がっていると、企業はあまりお金を調達できなくなってしまうのです。

> ん？　ちょっとわからない

企業は、自分で新しく株を発行します。それを世の中に売り出して、買ってくれる人を探します。企業がいくら資金調達をできるかは、そのときの株価がいくらかによります。株価が高ければたくさん資金調達でき、安くなっちゃっていたら、少ししか調達できないんですね。
　だから企業にとっても、株価が高い方がいいんです。

でもさ、株価が安くても、たくさん売れば、結局お金をたくさん調達できるでしょ？

　鋭いですね。いい視点です。でも、残念ながら株価が安いからといって、新しく株をたくさん売ってお金を集めることはできないんです。
　というのは、株を新しく発行する（売りに出す）ということは、「１株当たりの価値」が下がるからです。A社が新しく株を発行したら、すでに誰かが持っているA社の株の価値も下がることになります。簡単に言うと、新規に株を発行すると、株価が下がっちゃうんです。

え！　そうなの！？

　さきほど説明したように、株は、企業の一部を所有している証明書です。そして株価とは、その企業の一部がいくらと評価されているかを表しています。

発行されている株の数が全部で「10株」だったら、1株は会社の10％に相当し、「100株」だったら、1株は会社の1％になります。

新しく株を発行するということは、1株当たりの比率が下がるということですね。これまで全部で10株しかなかったところに、追加で90株発行したら、全部で100株になります。もともと持っていた株も含めて、価値が薄まっちゃうわけですね。それまでは会社の10％に相当する価値だったのに、これからは1％分の価値しかなくなってしまうわけです。

何かマズイの？

もともとA社の株を持っている人が怒ります。A社の10％分の価値として、株を買っていたので、それがあるとき、1％分になっちゃっていたら、誰だって怒ります。怒って株を売られてしまうかもしれません。そしてもう誰も買ってくれないかもしれません。

だから、企業は、むやみに株を新しく発行することはできません。

だから株価が高くないと、お金を調達できないんだね

日経平均って何？

　アベノミクスの効果で、日経平均が一時的に1万8000円程度（2014年12月）上がりました。これを見て、景気が良くなっていると判断する人が多くいました。
　でも、生活者としては、それほど景気が良くなっている実感がありません。これはどういうことなのでしょうか？

日経平均はウソなの？

　いえ、そうではありません。まず「日経平均」の意味を確認しておきます。「日経平均」は、一部の平均にすぎないんです。日本で上場している企業が約3600社あります。そのうち、「東証一部」というグループに約1870社が上場しています。この1870社の中から、日本経済新聞社が225社を選び、その225社の株価の平均をとったのが「日経平均」なんです。

その前に、上場企業って何だっけ？

　上場企業とは、証券取引所という場所に「登録」された企業のことです。この証券取引所に登録されると、その企業の株を広く一般の人同士が売買できるようになります。

これから必要なお金の知識って？ | 第 8 章

　証券取引所が売るの？

　いえ、違います。その証券取引所に売りたい人と買いたい人が集まるんです。証券取引所は、"お見合いの場"を提供するだけです。
　上場していない企業の株も売買はできます。ただ、証券取引所に登録されていないので、売買する相手は自分で探して見つけなければいけません。これは大変です。なので、上場していない企業の株は、現実的にはなかなか売買できません。
　証券取引所には、「東証一部」「東証二部」「東証マザーズ」などいくつかあり、たとえば東証一部に上場している（登録されている）企業の株は東証一部という場で取引されることになります。

　みんな住所調べて行くの？

　現代ではインターネットで売買できるので、証券取引所まで行くことはありません（かつては、大勢の人が集まり、手話のような、ジェスチャーのようなやり方で取引していました）。
　話を元に戻しますね。
　日経平均は、その上場企業の中の「一部の企業（225社）」の株価をピックアップしてそれを平均して計算しています。

243

厳密に言うと「全体の平均」とは違いますが、おおよそ全体の傾向を表している指標として使われます。

> あれ？　全部の平均じゃないの？

　日本経済の平均値だと思っている人もいますが、そうではないんです。たった225社の平均値なんですね。なので、別名「日経225」とも呼ばれます。

　どの企業を選ぶかについては、日本経済新聞社が毎年見直していて、一部を入れ替えています。

> え？　政府じゃなくて、新聞社が決めているの??

　そうです。新聞社が客観的に選んでいるとはいえ、「日本の株」の全体感を見る指標を、1民間企業が決めているというのには驚きますね。

　ちなみに、日経平均は1989年12月、バブルの真っ只中に最高記録を出していて、そのときが「3万8915円」でした。リーマンショックを経た2009年には、7054円まで下がりましたが、バブル以降は大体1万数千円台のことが多いです。

　そして、この日経平均を見ると、平均的に株価が上昇しているか、下降しているかがわかり、全体の傾向をつかむことができます。

これから必要なお金の知識って？ | 第 8 章

　さきほど説明したように、優良企業の株は、みんな買いたがるので、値段が上がる。逆にみんながダメだと思っている企業の株は値下がりします。これを反対に考えると、株価が下がったということは、その企業がダメになった、もしくはこれからダメになりそうと思われているということです。
　そうなると、日経平均が下がるということは、全般的に日本企業の株が売りに出されているということになりますね。日本企業全般がダメになりそう、と思われているということです。

なるほどね。だから日経平均を参考にするんだね

　ただし、この日経平均は、上場している企業のうち、225社の株価しか平均していないので、どうしても「市場の一部の平均」になります。日経平均が上がっていても、市場全体としては下がっているということも起こり得るわけです。また、日経が選んでいる225社の内訳が変わったりすると、平均値も当然変わってしまいます。その点を頭に入れて、活用する必要がありますね。

TOPIXって何？

　テレビや新聞のニュースで、日経平均と並んで、もう1つ目にするキーワードがあります。それは「TOPIX」です。
「TOPIX」も「日経平均」と大体同じで、日本で上場している企業の株価の動向がわかります。ただし、日経平均とは違って、株価ではなく、「時価総額」で考えています。

時価総額？

　時価総額とは、企業の価値の総額のことで、「株価×発行株式数」で計算します。要するに、「いくら出したらその企業を買うことができるか」。その金額を時価総額といいます。
　株価が下がれば、時価総額は小さくなり、株価が上がれば、時価総額は大きくなります。

だったら、株価で判断してもいいんじゃない？
なんで新しいのが出てくるの？

　そうですね、すべて株価で見てもよさそうなものです。でも、株価だけではわからないこともあるんです。
　その企業の価値を表すのは、株価×発行株式数です。極端なことを言うと、A社の株価が1億円でも、発行株式数が「1株」だったら、そのA社の価値は「1億円×1株＝1億

円」ですね。

　一方、株価が1000円でも、発行株式数が1億株のB社は、「1000円×1億株＝1000億円」の価値があることになります。B社の方が株価は低いですが、企業の価値は大きいわけです。

　つまり株価だけでは、その企業が全体でどれくらいの価値になっているか、判断できません。そして、株価だけしか見ていないと、株価が変動したときの影響が正しくつかめなくなります。

　たとえば、A社、B社の価値が10％上がったとしましょう。そうすると、単純計算で株価も10％上がります。そのとき、A社の株（1億円）は10％上がり、1000万円も値上がりします。もしA社の株が日経平均の225社に入っていたら、平均値に大きく影響を与えますね。

　しかし一方で、B社の株（1000円）は100円しか上がりません。これではあまり日経平均は変わりません。

で、TOPIXって何なのさ？

　話を戻しましょう。TOPIXは日々の企業の「時価総額」をすべて足して、それを過去のある日の時価総額合計で割って計算しています。具体的にいうと、1968年1月4日時点で、上場している各企業の時価総額を全部足し合わせた値です。

　数式で考えると、以下のようになります。

$$TOPIX = \frac{その日の時価総額合計}{1968年1月4日の時価総額合計} \times 100$$

　日経平均は株価の平均だったので平均株価の推移をつかむのに便利です。では、TOPIXを見ると何がわかるのでしょう？　TOPIXを見ると、上場企業全体の価値が増えているか、減っているかがわかります。そして、企業の価値が上がってくれば、企業が元気になってきているということなので、景気が盛り上がってきている、と読み取れます。

　ただし、TOPIXでは、超大手企業も、普通規模の企業も単純に合計しているため、全体の傾向が、一部の超大手企業の時価総額から強めに影響を受けます。1億株発行している企業の株価が1円上がれば、時価総額は「1億円」上がりますが、1000株しか出していない企業の株価が仮に1万円上がったとしても、全体で「1000万円」しか増えません。

　なので、TOPIXの数字が上昇しているからといって、すべての企業の時価総額が増えているわけではありません。これも万能ではなく、100％正確に市場を把握できるわけじゃないんですね。

これから必要なお金の知識って？ | 第 8 章

ところで株はどうやって買うの？

株かぁ、買ってみようかなぁ。でもどこで買えるの？ 銀行？

　上場している株であれば、誰でも買うことができます。でも、株はスーパーやデパートで売っているわけではなく、さらに銀行に行っても買えません。株を買うためには証券会社に行かなければなりません。

　ただし、証券会社でも普通のお店のように店頭に株が陳列されているわけではありません。その場で、「今日はA社の株が活きがいいなぁ。じゃあA社株を1株ちょうだい！」「毎度あり！　1万円です！」とはいかないのです。

「え、じゃあどうすればいいの？」

　株を買うには、まず証券会社に口座を開き、その口座にお金を入れておく必要があります。銀行口座を作るのと同じです。そうすると、口座に入っているお金を使って、株を買うことができます。

　証券会社は単に売りたい人と買いたい人の仲介をしているだけで、証券会社自身が株を売っているのではなく、株を買いたい人が来たら「ちょっと待ってね！　売ってくれる人を

探してくるから」という感じで、「仲介」をするだけなんです。だから証券会社に行っても株の「在庫」はなく、その場では買えません。

　だから、「買いたい！」「売りたい！」と注文を出していても、実際に買えない・売れないこともあります。

　株は一般の商品と違って、どんどん追加生産されるわけではありません。ほとんどの場合、誰かが持っている株を譲ってもらうことになります。だから、みなさんが「買いたい！」といったときに同時に「売りたい！」という人が現れなければ、買うことはできないんです。

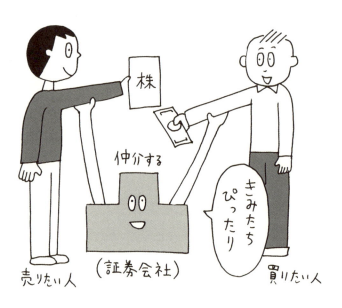

どんな株を買ったらいいの？

　ここまで説明して、やはり気になるのは、どの会社の株を買ったらいいか？　ということです。つまり、どんな株がこれから値上がりするか、そして儲けることができるか、ということです。

　しかし残念なことに、どの会社の株を買ったらいいかなんて「わかりません」。もしそんなことがわかっていたら、誰でも億万長者になれます。

　株を買って儲かることもありますが、同様に損をすることもあります。もちろん、「いい！」と思って買った株が値上がりして儲かることもあるでしょう。しかし、それが毎回続くわけではなく、損をするリスクは必ずあります。プロでさえ儲かったり損したりしている世界ですので、自分だけが百発百中で金脈を見つけられるはずもないのです。

そうなんだ、じゃあ適当に買うしかないんだね

　いえ、そうでもありません。企業業績と株価の状態を分析することで、これから株価が上がる可能性が高い銘柄をある程度見極めることも可能です。その分析方法は、大きく「ファンダメンタル分析」と「テクニカル分析」に分けられます。

いい会社を見極めるファンダメンタル分析

　ファンダメンタル分析とは、その企業自体が優れた会社かどうか、今後伸びていきそうか、という「ファンダメンタルズ（基礎的条件）」を分析することです。

　株を買って儲けることが目的だとすると、その企業の株が今後値上がりするかを調べなければいけません。そして、「株価」は、長期的に見ると、企業の実力や将来性を反映して値段が決まります。つまり実力があって、今後成長しそうな企業は基本的に株価がどんどん高くなっていくのです。

　株のファンダメンタル分析では、その企業が今後ちゃんと利益を出して、成長していけるかを判断します。検証を行う項目としては、企業の売上高、利益額などに加えて、その企業を取り巻く市場トレンドにも注目します。

　ファンダメンタル分析は、主に企業の実力を分析しますが、簡単にその企業の「戦闘力」がわかるわけではありません。企業の実力を測れるいくつかの指標を見て、総合的な「戦闘力」を測ります。

指標？

　その一例として、「ROE」「ROA」「PER」「PBR」があります。

企業の収益力を示す「ROE」と「ROA」

「ROE（株主資本利益率、Return On Equity）」「ROA（総資産利益率、Return On Assets）」とは、企業の収益力を示す指標で、以下のようなものです。

ROE	株式資本（エクイティといいます）に対して、どれだけの収益を稼いでいるか。つまり株主から集めた資本を、どれだけ有効活用しているか、を示す指標。 $$\cdot \frac{\text{当期純利益（その年の利益額）}}{\text{株主資本（株主から集めたお金の合計）}}$$ で計算でき、「％」で表します。
ROA	企業が持っているすべての資産（アセットといいます）に対して、どれだけ収益があるか。株主から預かったお金や銀行から借りているお金など、すべての資産を含めて、効率的に経営ができているかを示す指標。 $$\cdot \frac{\text{当期純利益（その年の利益額）}}{\text{総資産（その会社が持っているものすべて）}}$$

> ROE や ROA が何%だったらいい企業なの?

　ROE や ROA は業界によってバラバラなので、一概に何%だったらいい企業、という判断はできません。しかし、業界の中でいろいろな会社を比較することはできます。

　ただし、ROE と ROA は、企業の一部の側面を測っているにすぎず、この2つだけでその企業の実力を測りきれるものではありません。この他にも利益の伸び率や業界成長率、といった項目をチェックし、総合的に判断する必要があります。

株価に対しての収益力を示す「PER」「PBR」

　「ROE」「ROA」と似たような指標で「PER（株価収益率）」「PBR（株価純資産倍率）」というものもあります。

PER	「株価収益率」を表す指標。その企業の（予想）収益額に対して、株価が何倍になっているかを調べるものです。これがわかれば、投資した金額（株価）に対して、毎年利益がどれくらい上がるかがわかります。
PBR	「株価純資産倍率」を表す指標。株価がその企業の全資産価値に比べて何倍になっているか、を見る指標です。

うん、難しい!

　これだけだと意味がわからないので、補足の説明をしますね。まず「PER」について。
　さきほど説明したように、株価は流行や人々の感情によって値段が上下しますので、本来は100の実力・価値の企業でも、株価は200になったり、70になったりします。そこで、その時々の株価が実際の実力（収益力）と比べてどのくらいなのかを調べて、割高か割安かを判断するわけです。
　そして PER は、

$$PER = \frac{株価}{1株当たりの予想利益額}$$

で計算できます。
　たとえばA社の株価が1000円、1株当たりの予想利益が100円だったとしたら、A社の PER は「10倍」となります。
　一方、B社は、株価が1万円でも、1株当たりの予想利益が5000円でした。となると、B社の PER は「2倍」になります。株の値段としては、A社の方が安いですが、B社の株の方が「割安」になります。

ほぉ〜、じゃあPERが低い会社に投資すればいいんだね！

　ただし、PERは、低ければ低いほどいいかというと、そうではありません。一時的な事情ではなく、本当に人気がなく株価が低迷している企業のPERも低くなりますが、もしかしたら本当に「お先真っ暗」だから人気がないのかもしれません。

　逆にいうと、「今は利益を出していないけど、将来有望な会社」は、ＰＥＲが高くなります。そんな企業の株は割高でも、買う価値がありますよね。

　次に「PBR」です。これも同じような指標です。「PBR」は、「株価純資産倍率」です。株価がその企業の全資産価値に比べて何倍になっているか、を示していました。

$$PBR = \frac{株価}{1株当たりの純資産}$$

　さきほどの「PER」では、企業の収益力に注目していましたが、「PBR」では、その企業が持っている工場、ビル、備

品などの資産を合計したらいくらになるのか、を見ています。

　この「総資産額」は、「企業が解散して持っているものをすべて売ったら、いくらになるか」を示していて、企業の「解散価値」とも呼ばれます。何らかの事情でビジネスをやめることになったとしたら、会社を解散して、持っているものを売ります。備品を売ったお金は株主に配分されますが、そのときいくら入ってくるか、が「解散価値」なんです。
「PBR」が「1倍」だったら、解散したときに、投資した金額と同額が返ってきます。同様に、「PBR」が「2倍」だったら投資金額の半分、「0.5倍」だったら投資金額の2倍が返ってくるということになります。

これも低い方がいいの？

　低い方が「割安」です。ただし、「PBR」も低ければ低いほどいい、ということではありません。その会社の認知度や、商品開発力、営業力など数値に表しにくいものは、純資産に加算されないため、現実よりも純資産額が少なく計算されるケースもあります。

　そのため、そのような優良な会社のPBRは、分母の「資産」が少なめで算出されるため、実態よりも高くなります。反対に、値段としては1000万円の資産でも、現実にはまったく売る余地がないような資産を計上していることもあります。その場合には、PBRは低くなり、一見お買い得に見えたり

もします。
　つまり、PER・PBRも万能の指標ではなく、他の状況と合わせて検討しなければいけないということです。

これから必要なお金の知識って？ | 第 8 章

企業の株価情報はこんな形でまとまっています。

(株)木暮商店	
取引値	64,500
前日比	-3,000 (-4.67%)
前日終値	64,200
出来高	27,569
始値	64,300
高値	65,600
安値	63,400
売気配	―
買気配	―
配当利回り	1.24倍
1株配当	800.00円
株価収益率	(連)38.9倍 ← PER
1株利益	1,657.36円
純資産倍率	(連)1.56倍 ← PBR
1株純資産	(連)413,461.00円
自己資本比率	(連)35.6%
自己資本利益率	(連)4.00% ← ROE
純資産利益率	(連)1.95% ← ROA
調整1株益	(連)1,656.49円
1株純資産	(連)413,461.00円
時価総額	46,000百万円
発行済株式数	678,828株

ここをチェック！

今後の株価を予測するテクニカル分析

その企業の株を買うかどうか判断する手法には、その企業の地力を見る「ファンダメンタル分析」とは別の観点があります。

それは、「今までその会社の株はどんな感じだったのか？」という過去の事実から今後の株価を予想する「テクニカル分析」というものです。「テクニカル分析」は主にチャート（株価のグラフ）を使うケースが多いです。

グラフを使うってことは、たくさん計算も出てきそうだな

計算というより、過去の「傾向から判断する」というイメージです。株価は、理論的には、その企業の実力や将来への期待の大きさによって決まります。つまり、長い目で見ると、将来性も含めた「実力」で決まっていくのです。

しかし、短期的に見ると、株価は必ずしも実力通りになっているわけではありません。そのため、その企業の業績がどうなりそうか、という視点の他に、その企業の株価が数日先、数カ月先にどうなりそうか、という見方が必要になる。それを過去の実績データを基に判断するのです。

これから必要なお金の知識って？ | 第 8 章

過去のデータをどうやって使うの？

　たとえば、ここ10年間の株価が1000円〜2000円の間で上下している企業があったとします。そうすると、過去の事例から見て、この企業の株はよほどのことがない限り1000円以下にはならない、という予測が立ちます。
　また、いくら業績が好調だったとしても、株価が2000円くらいになってきたら、そろそろ値下がりするな、と予想するようになります。つまり<u>過去の「パターン」に当てはめて考えることが可能</u>なんです。

将来の株価を予測するのに、過去の「パターン」が使えるの？

　いい視点ですね。過去の分析が意味があるのは「<u>人々の心理が働くから</u>」です。株に投資をする人のほとんどは、「安く買って高く売ろう」としています。一番安いときに買って、一番高いときに売ろうと考えているわけです。
　となると、仮に前回株価が下がったときに1000円が底値だったとしたら、今回も「1000円が底値では？」と考える。だから1000円になったら「買い」と判断し、買うわけです。
　もし、世の中の全員がこのように判断したらどうなるでしょう？　1000円まで下がった瞬間にみんな買うので、結

果的に、本当に株価は1000円以下にならない。

　株価の上限（「天井」といいます）も同じです。過去は2000円以上になったことがないとすると、今回も同じと判断し、2000円になる直前で売り始めます。そうすると本当に2000円以上にならず、株価の上限が2000円になってしまうんです。

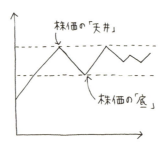

　いま説明したのは、株価の「上限」と「下限」の話ですが、同じように過去のデータを参考に、「今回も同じパターンになるはず！」と判断できたり、ある一定のパターンを見つけることができます。テクニカル分析の手法は、非常に多岐にわたり、なおかつ複雑なものもあります。

　いくらで取引が開始されて、いくらで終わったかを表す「ローソク足」や、株価のグラフ（チャート）を使って分析する方法、非常に高度な数学を使ってコンピュータに「売り」か「買い」かを計算させる方法など、いろいろな種類があります。ここでは説明しきれないので、個別の説明は専門書にお任せします。

結局どちらが重要なの？

 テクニカル分析の方が、なんだか**簡単**そうだな

　大枠の概念でいうと、「テクニカル分析」は、株価の過去の実績から将来を予測する方法で、簡単なものは、ある程度素人投資家でも使えます。
　となると、極論をいえば、その会社のことをまったく知らなくても、テクニカル分析をすれば、その株を買うべきか、売るべきかの判断ができてしまう。パソコンでチャートやいくつかの指標の数値を見るだけで、ある程度の判断ができるようになるんです。

　でも、そうなると、テクニカル分析だけで十分で、ファンダメンタル分析は不要になりますね。そもそも、ファンダメンタル分析は個々の企業について、いちいち調べなければいけませんし、各企業によって調べるポイントも異なります。また、市場環境が変化するに応じて、その都度分析が必要です。結構面倒で難しい作業なんです。
　それに比べてテクニカル分析は分析方法が汎用的なので、やり方をマスターすれば、ある程度応用がききます。こっちの方が楽ですね。実際、ほとんどの素人投資家はファンダメンタル分析よりもテクニカル分析を好み、チャートの分析だ

けで勝負に出ようとしています。

やっぱりね。その方が簡単だもん

　ただし、「テクニカル分析」は、過去の株価推移を見て、将来も同じパターンになるのではないか？　という予測をしているだけです。そういう意味では天気予報の予測方法とまったく同じです。そして、天気予報が外れるのと同じように、「テクニカル分析」で出た予測も、大いに外れる可能性があります。そりゃそうですよね。100％予測が当たっていたら、誰でも儲かります。

「テクニカル分析」の方が、一見簡単そうで即効性がありそうなので、こちらだけで投資に乗り出す人が多くいます。しかし本来は、その会社の内容を見ないで投資をすることは、まったく知らない人にお金を貸すのと同じで、非常にリスクが高いことです。

どういうこと？

　ある日突然見知らぬ人がやってきて、「100万円貸して」といってきたらどうでしょう？「ちゃんと履歴書（過去の履歴）を見せるからさぁ」といわれても信用なんかできません。いくら過去の実績や経歴を見せられても、その人が今どうい

う人で、これから何をしようとしているのか、借りた100万円で何をしようとしているのか、を聞かないまま100万円貸しませんよね？　当たり前の話です。

　でも株の話になると、これと同じことを何のためらいもなくやってしまう。「履歴書」を分析するだけで、よく知らない「相手」にもお金を渡してしまう。こう考えると非常に不自然ですね。

「テクニカル分析」が意味がないというわけではありません。過去の実績を見て判断することももちろん重要です。要は「両方必要」ということです。

　どこまで細かい分析をやるかは株投資の専門書にお任せしますが、いろいろな分析をちゃんとやらないといけない、ということをお伝えしておきたいと思います。章の冒頭でリスクの話をしましたが、「カンタンに儲かる方法」なんて存在しないので、株で儲けたいのであれば、それなりの労力をかける必要があるということです。

第 13 話のポイント

- 株は、その会社にお金を出資したことの証明書。株主が会社の「オーナー」になる。

- その企業が儲かったら、株の持ち主は「配当（分け前）」をもらえる。優良企業の株ほどほしい人が多くなるので、株価は高くなる。

- 「日経平均」とは、日本経済新聞社が上場企業の中から225社をピックアップして合算した株価の平均値のこと。

- 「TOPIX」とは、企業の価値の総額（時価総額）の合計を1968年1月4日の時価総額の合計で割ったもの。

- どんな株を買えばいいかを見極める方法には、「ファンダメンタル分析」と「テクニカル分析」がある。

- ファンダメンタル分析は、企業の「実力」を分析して、今後業績が上がりそうな企業を調べる。

- テクニカル分析は、過去のチャート（株価のグラフ）を分析して、データの傾向からその企業の株価が買いどきか、売りどきかを調べる。

外貨投資の話

外貨に投資するってどういうこと？

　最近は株と並んで「外貨」もメジャーな投資対象になっています。特に日経平均が下がっているときは、「これからは株じゃなくて、外貨だ！」と外貨に流れる人々が増えています。

　また自分の資産を「円」だけでなく「アメリカドル」「オーストラリアドル」「イギリスポンド」「ユーロ」などに分散させておけば、将来円安になっても安心です。

円安になると、何かいけないことがあるんだっけ？

　この先ずっと日本国外に出ない、また外国製品を買わないと決めているのなら、日本円しか持っていなくても構わないでしょう。でも、多くの人は外国と関わる機会があると思います。海外旅行に行く人は多いし、もしかしたら外国に住むことになるかもしれませんね。

　そんなときに円安になっていたら、みなさんは海外に行ったとたん、貧乏になってしまいます。

ん？　なんでだっけ？

1ドル100円だったら、手持ちの100万円は1万ドルになります。アメリカで1万ドルの買い物ができます。でも、仮に1ドル200円になっていたら？　そのとき、手持ちの100万円は、たった5000ドルにしかなりません。円安になると、自分の資産が減っちゃうんですね。
　そんな事態に備えるためにも、外国の通貨を持っておくこと（外国の通貨に投資すること）を1つの選択肢として考えるのです。

 外国の通貨を持っていたら、それが投資になるの？

　外貨は文字通り「外国の通貨」のことですが、通貨が投資対象になるというのはどういうことでしょうか？　また具体的に、どうすれば利益が上がるのでしょうか？
　ここでは、「外貨で稼ぐ」という意味で、「外貨預金」と「FX」を説明していきます。

外貨預金とは？

　まず「外貨預金」とは、読んで字のごとく「外貨の預金」のことです。通常、みなさんの預金は「円」ですので、通帳の預金残高は「円」で書いてあります。これが「外貨預金」になると、通帳に「ドル」や「ユーロ」、「ポンド」で記載されることになります。要するに、自分が持っている円を、一度外国の通貨に替えて、外国の通貨として預金するんです。

でも、今までドルで書かれた通帳なんて見たことないよ？　ドルを銀行のATMに入れたら「10ドル預かりました」みたいになるの？

　いえ、違います。結論から言うと、銀行やコンビニのATMに普通に海外のお金を入れてもだめです。ちゃんと外国の通貨を預金する口座、外貨預金口座が必要なんです。
　その「外貨預金口座」のつくり方は、普通の通帳と同じです。銀行に行ってお願いすればいいだけです。外貨預金口座を作れる銀行と作れない銀行があり、また窓口もいつものところとは別になります。ただし、そんなに難しいことではありませんので、インターネットで「外貨預金」を調べて、取り扱いのある銀行に行って問い合わせればすぐに口座が開設できます。

預金するだけ？ だったら普通預金でよくない？

　なんでわざわざ外貨で預金するのか？　それは簡単に言うと、「外貨預金の方が金利が高いから」です。ご存知の通り、日本の金利はゼロ金利政策以降、ほぼゼロの状態が続いています。しかし、海外に目を向けると、年率3％、5％、中には10％を超える金利の国もあります。日本で100万円を1年間銀行に預けても利子は数千円しかつきませんが、100万円をドルに替えて預金すれば、数万円の利子がつくことになります。なので、わざわざ外貨で預金をしようということになるんです。

おぉ！　すごい！

　さらに、ドル預金をしている間に、円安になったら、さらに利益が増えます。持っている100万円を「1ドル100円」で両替すると、1万ドルもらえます。でもやがて円安になって「1ドル200円」になったら、持っていた1万ドルは、200万円になりますね。利子の他に、為替が変動したことで利益（「為替差益」といいます）を得られるわけです。

　ただし、ここで注意です。気づいた方もいらっしゃるかもしれませんが、為替は円安になる可能性もあれば、円高になる可能性もあります。円安になって「為替差益」が得られる

のであれば、逆に円高になったら、損をするはずです。これを「為替差損」といいます。

つまり、ドル預金をしている間に、円高になってしまったら、円に戻すときに目減りしてしまうわけです。仮にドル預金の金利が年率５％だったとしても、１年間で円高が10％進めば（たとえば１ドル100円が１ドル90円になったら）、損をします。

ここに外貨預金のリスクがあります。これを「為替リスク」といいます。

またその他にも、株と同様「流動性リスク」もあります。要するに、「売りたいときに売れない」というリスクです。いずれその国に住むつもりであれば問題ありませんが、日本円の資産運用として考えている場合、いつかは外貨預金を日本円に替えなければいけません。

となると、その外貨を「売って」、日本円を「買う」ということを常に念頭におく必要があります。ただし、通貨の取引も他の商品の取引と同様に、相手がいなければ成立しません。自分が「売りたい」と思っても、買ってくれる人がいなければ、円に戻すことはできません。これが「流動性リスク」です。

そんなこと、あるの！

ドルやユーロのようにメジャーな通貨であれば、取引相手を探せないという事態はなかなか起こりませんが、単に金利が高いからといって、東南アジアや南米の通貨を選ぶと、想定以上に取引をしてくれる相手が少ない、といった事態もあり得ます。

> なるほどなぁ、単純に儲かるだけじゃないんだね

　金利としては魅力的でも、「為替リスク」と「流動性リスク」が付きまといます。それらを十分考慮して外貨預金に「投資」しなければいけません。

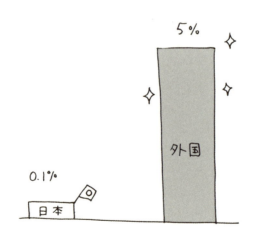

FXって何のこと？

外貨に投資するもう1つの手法として「FX」があります。「FX」とは、「Foreign Exchange」（外貨取引）のことで、要するに、通貨を交換することです。交換するだけです。銀行に預けたり、どこかの企業に投資したりしません。

 通貨を交換するだけで、お金が儲かるの？

そうです。少しあやしい話に聞こえますが、そうではありません。

FXの仕組みは、外貨預金の仕組みと似ています。つまり、利益を出すポイントは、「金利」と「為替変動」です。

FXで、たとえば「円」を「ドル」に交換すると、ドルと円の金利の差額（「スワップポイント」といいます）を受け取ることができます。ドルの金利が3％で、円が1％だったとしたら、「2％」を受け取ることができるわけです。逆にドルを円に交換した際には、「－2％」になります。

そして2つめとして、外貨預金と同様に「為替レート」が変動することで、利益を上げることができます。円とドルを交換して、ドルを持っていたとします。外貨預金のケースとまったく同じですが、100万円を「1ドル100円」で1万ドルに替えたとしましょう。ドルを持っている間に円安になり、「1ドル200円」になったらどうでしょう？　1万ドルを円

に戻すだけで200万円手に入り、100万円利益が出ます。多くの投資家はこの為替変動を狙ってFXを実施しています。

FXもやってみたいんだけど、証券会社とか銀行で申し込めばいいの?

　FXは、FX専門の金融機関があって、そこに口座を開く必要があります。ただし、イメージとしては銀行口座や証券口座を開くのとまったく同じで、規定の書類に記入・捺印して提出するだけです。こうすればFX口座が開設できて、あとはその口座に「掛け金」としてお金を振り込めば、FXの取引ができるようになります。

レバレッジって何？

　ただ、FXと外貨預金とで異なる点もあります。それは「レバレッジ」です。FXの場合、実際に持っているお金よりも何倍、何十倍もの額を「元手」として運用することができます。「てこ」の原理のように、少ないお金で巨額の資金を動かせるので、このように自分の資金の何倍ものお金を動かすことを、そのまま「レバレッジ（てこ）をかける」といいます。

　レバレッジをかける？　てこ？　どういうこと？？

　レバレッジをかけると、本当は1万円しか持っていないのに、たとえば10万円分のドルと交換できる。「架空の資金」を運用できるんです。最近では最大25倍のレバレッジがかけられます。1万円あれば、25万円分の投資ができるってことです。1万円を投資するより、25万円投資した方が儲けの額は大きくなります。そのため、少ない元手で大きなリターンを狙うことが可能なのです。

　すごい！　そんなことができるの？

　ただし、リターンが25万円分だったら、同時にリスクも25万円分になります。25万円を投資していると、1％の損

が2500円、４％損失を被ると１万円なくなっちゃいます。もし「１ドル100円」が「１ドル96円」になったら、1万円損をすることになりますね。ここで、自分が用意した元手は全部なくなってしまうわけです。損をするリスクも非常に高くなるということです。

　レバレッジをかけず、全額自己資金で投資をしていれば、円高になって含み損を抱えても、再び円安になるまでじっくり待つことができます。そうすると、今は損をしていても、「勝てる可能性」が出てきます。ただし、25倍など高いレバレッジをかけている場合には、自己資金はすぐになくなってしまうので、その時点で「負け」が確定します。負けが確定すれば、その時点で清算するので、仮にいずれ円安になったとしても、意味がありません。これは非常に難しい投資にな

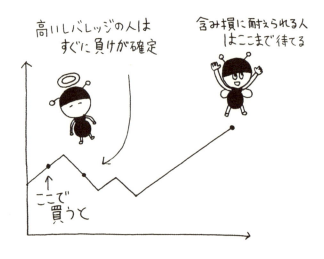

り、リスクが何倍にも膨れ上がります。

　単純に儲けが多くなる、という理由で高いレバレッジをかける人もいるようですが、実際は機関投資家といわれる「プロの投資家」でもレバレッジは５倍程度のようです。プロでさえ「５倍」なのに、素人が「25倍」のリスクを背負うとどんなことになるか、想像してみてください。それだけ無謀なことをしているわけです。

　レバレッジをかけてジャンジャン儲かっている自分をイメージするかもしれません。もっと言うと、儲かっているイメージしかできないかもしれません。

　しかし、繰り返しになりますがリターンが大きくなれば同時にリスクも大きくなります。しっかり「損をした自分」もイメージした上で、投資をすべきです。

投資をする一番のメリット

なんだか結局、投資をしてもあんまり儲からなそうだね……

　素人が投資で一攫千金を狙いにいくと、ほぼ間違いなく失敗すると思います。プロの世界でも年に10％も儲かれば大成功といいます。もともとそれほど儲かることではないということを強く意識したうえでやらないといけませんね。

そうなの？
じゃあ投資なんてやっても意味ないじゃん

　無駄ではありません。投資をする一番のメリットは、経済や世の中の動きに自動的に興味を持つようになることです。A社の株に投資をしたら、嫌でもA社の業界に興味がわいてきます。そしてそこから経済全体に興味を持つようになり、自然と新聞やテレビのニュースにアンテナが立ちます。それが大事なんです。

　これからの時代、経済を知っておかないと、いつの間にかチャンスを失ったり、時代の変化についていけなくなったりします。でも、無理やり勉強してもなかなか難しいですね。だから自分のお金を投資して、強引に自分を経済に巻き込み

ます。

たしかに、自分のお金がかかっていたら真剣にいろいろ勉強するかも

　かつては、株も数十万円くらいないと始められませんでしたが、今は「ミニ株」や１万円程度から始められる投資信託もあります。まず自分を真剣にさせるためにこのような投資から始めるのがオススメです。

第14話のポイント

- 外貨預金とは、ドルやポンドなどの外国の通貨に替えて預金すること。

- 一般的に、外貨で預金した方が、ゼロ金利の円預金より利子が多くもらえる。

- FXは、FX専用の金融機関で口座を開けば始められる。

- FXの場合、実際に持っているお金を元にして、何倍もの額を運用できる。それを「レバレッジをかける」という。

- プロの投資家でも5倍程度しかレバレッジをかけていない。高いレバレッジをかけると儲かる確率も高くなるが、それだけ損をするリスクも高くなる。

- 投資をする最大のメリットは、自分のお金を使って経済や世の中の動きに興味を持ち、真剣に勉強するようになること。

おわりに

「経済を理解できるようになりたければ、経済入門書を3回読むのがいい」

　これが、ぼくの持論です。多くの方が、経済を学ぼうとして最新ニュースが詰まった雑誌を読んだり、流行りのキーワードを追っかけたりします。
　しかしそれでは、"データ"を目にしただけで、そのデータの前後関係、他に与える影響がわかりません。それではいつまでたっても「なるほど、そういうことか！」という感覚は得られません。
　新聞を読むのは、本書を3回、通読してからにしてください。まず、理屈と流れを理解してください。そうすれば、今まで「？？」だった新聞記事の意味が、驚くほど頭に入ってきます。

　大きく捉えると、経済を理解するために必要な要素は、いつの時代も変わりません。政府が行っていることは昔から変わりません。日銀の役割も変わりません。そして、景気が良くなるための条件やそのための政策も、昔から何も変わっていません。本書でも解説した通り、アベノミクスという「新しい政策」も、結局、やっていることは昔と同じ内容でした。

おわりに

　基本的な流れが理解できていれば、新しいニュースを目にしても、理解できるんです。

　本書では、みなさんが「今さら聞けない」と感じているような基本知識を解説しています。しかし同時に、これ以上の知識を持っている人はそんなに多くはいません。この本を理解したみなさんは、すでに"大人として恥ずかしくないレベル"に達しています。
　もっと言うと、多くの経済ニュースを理解できるようになっています。もし、興味が出てきたテーマがあったら、その入門書をまた読んでみてください。
　この本がみなさんの学びのきっかけになり、そして多くの方が経済の面白さを感じていただけたなら、とてもうれしく思います。

木暮太一

重要キーワード索引

あ

ROE ─── 253
ROA ─── 253
ETF（上場投資信託）─── 87
インフレ（インフレーション）─ 75、154
FRB ─── 73
FX（外貨取引）─── 37、273

か

外貨取引（FX）─── 37、273
外貨預金 ─── 269
解散価値 ─── 257
外需 ─── 123
貸し渋り ─── 194
貸しはがし ─── 195
GATT ─── 148
株価 ─── 235
株式投資 ─── 235
株式会社 ─── 235
株主 ─── 236
為替 ─── 23
為替差益 ─── 270
為替差損 ─── 271
為替市場介入 ─── 71
為替変動 ─── 273
為替リスク ─── 271
為替レート ─── 23
関税 ─── 146
完全失業率 ─── 16

キャピタルゲイン ─── 221
金融政策 ─── 13、56
金融緩和政策 ─── 64、108
金融引き締め政策 ─── 65、108
金融ビッグバン ─── 62
金利 ─── 273
クール・ジャパン ─── 125
公開市場操作 ─── 63
公共事業 ─── 101
公定歩合 ─── 61
国債 ─── 64、99
固定相場制 ─── 30

さ

歳出 ─── 205
財政支出 ─── 94、176、204
財政出動 ─── 108
財政政策 ─── 13、56、94、176
裁定がはたらく ─── 190
産業の空洞化 ─── 144
GDP ─── 20
GNP ─── 20
J-REIT ─── 87
時価総額 ─── 246
資金調達 ─── 239
市場リスク ─── 226
実感なき景気拡大 ─── 213
社会保障 ─── 104
自由貿易 ─── 147

重要キーワード 索引

純金融資産	182
証券取引所	242
乗数効果	97、119
消費者物価統計	155
消費税	200
消費マインド（消費者の気持ち）	120
信用リスク	226
スワップポイント	273
成長戦略	13、108、121
ゼロ金利政策	81
ゼロ・サム	221
造幣局	70

た

WTO	148
チャート	260
中央銀行	73
TPP	145
テクニカル分析	251、260
デフォルト	186、196
デフレ（デフレーション）	166
デフレスパイラル	167
天井	262
投資	219
TOPIX	246

な

内需	145
日経225	244
日経平均	242
日銀（日本銀行）	13、57

は

配当	237
PER	254
PBR	254
非正規雇用	214
ファンダメンタルズ	252
ファンダメンタル分析	251
付加価値税	203
プラザ合意	31
変動相場制	31
包括緩和政策	86
法定準備預金	63
保護貿易	148

ま

マイルドなインフレ	165
マネーサプライ	77

や

有効求人倍率	16
輸入インフレ	157

り

リスク	222
リスク資産	88
リターン	222
利回り	186
流動性リスク	226、271
量的緩和政策	86
レバレッジ	275
労働需要	158

［著者］
木暮 太一（こぐれ・たいち）
作家、一般社団法人 教育コミュニケーション協会 代表理事
慶應義塾大学経済学部を卒業後、富士フイルム、サイバーエージェント、リクルートを経て独立。説明能力と、言語化能力に定評があり、大学時代に自作した経済学の解説本が学内で爆発的にヒット。現在も経済学部の必読書としてロングセラーに。
相手の目線に立った伝え方が、「実務経験者ならでは」と各方面から高評を博し、現在では、企業・団体向けに「説明力養成講座」を実施している。
フジテレビ「とくダネ！」レギュラーコメンテーター、ＮＨＫ「ニッポンのジレンマ」などメディア出演多数。『「自分の言葉」で人を動かす』『カイジ「命より重い！」お金の話』など著書多数、累計135万部。

木暮太一オフィシャルサイト
http://koguretaichi.com/

今までで一番やさしい経済の教科書［最新版］

2015年3月19日　第1刷発行
2017年9月11日　第5刷発行

著　者―――― 木暮太一
発行所―――― ダイヤモンド社
　　　　　〒150-8409　東京都渋谷区神宮前6-12-17
　　　　　http://www.diamond.co.jp/
　　　　　電話／03・5778・7232（編集）03・5778・7240（販売）
装丁―――――萩原弦一郎（デジカル）
帯写真撮影―――安達 尊
本文デザイン・DTP ― 二ノ宮 匡（ニクスインク）
イラスト―――須山奈津希（ぽるか）
製作進行――― ダイヤモンド・グラフィック社
印刷―――――勇進印刷（本文）・加藤文明社（カバー）
製本―――――ブックアート
編集担当――― 市川有人

©2015 Taichi Kogure
ISBN 978-4-478-06494-8

落丁・乱丁本はお手数ですが小社営業局宛にお送りください。送料小社負担にてお取替えいたします。但し、古書店で購入されたものについてはお取替えできません。
無断転載・複製を禁ず
Printed in Japan

◆ダイヤモンド社の本◆

経済史は欲望のドラマだ！
歴史のストーリーで学ぶ1300年の悪漢物語

なぜ、世界同時不況が起きるのか？ ITバブルはなぜ崩壊したのか？ 代ゼミ人気ナンバーワン講師が教える、歴史の流れと「なぜ？」がわかる、社会人のための学びなおし講座。マンガのように面白い仁義なき世界抗争劇！

本当はよくわかっていない人の2時間で読む教養入門
やりなおす経済史

蔭山克秀（代々木ゼミナール講師）[著]

●四六判並製 ●定価（本体1600円＋税）

http://www.diamond.co.jp/